新国货

xin guo huo

第自然的崛起之路

朱震 胡海阳 著

中国财富出版社

图书在版编目（CIP）数据

新国货：第自然的崛起之路／朱震，胡海阳著．—北京：中国财富出版社，2017.11

ISBN 978 - 7 - 5047 - 3986 - 5

I.①新… II.①朱… ②胡… III.①品牌战略—研究—中国 IV.①F279.23

中国版本图书馆 CIP 数据核字（2017）第 288928 号

策划编辑	俞　然		责任编辑	张冬梅　俞　然	
责任印制	梁　凡		责任校对	孙丽丽	责任发行　董　倩

出版发行　中国财富出版社

社　　址　北京市丰台区南四环西路 188 号 5 区20 楼　　邮政编码　100070

电　　话　010 - 52227588 转 2048/2028（发行部）　010 - 52227588 转 307（总编室）
　　　　　010 - 68589540（读者服务部）　　　　　010 - 52227588 转 305（质检部）

网　　址　http://www.cfpress.com.cn

经　　销　新华书店

印　　刷　北京京都六环印刷厂

书　　号　ISBN 978 - 7 - 5047 - 3986 - 5/F · 2841

开　　本　710mm × 1000mm　1/16　　　　版　　次　2018 年 3 月第 1 版

印　　张　11　彩色　1.25　　　　　　　印　　次　2018 年 3 月第 1 次印刷

字　　数　176 千字　　　　　　　　　　定　　价　55.00 元

内容简介

《新国货——第自然的崛起之路》，是一本分析新老国货差异，并以实际案例探索新国货如何创新发展的纪实类书籍。

本书由六部分组成，以第一人称阐述。

第一部分：

以经典国货护肤品为例追溯国货发展历史，通过品牌价值、国民实用主义、国民面子主义、中国品牌专利保护制度、中国当下经济环境及其下国民的国货意识等角度，对国货羸弱现状展开探究和分析。

第二部分：

以经典国货护肤品为例追溯国货发展历史，通过国货主权意识、工匠精神、供给侧改革下制度标准倒逼、中国制造能力四个方面的探究和分析，找出新国货创新发展突破口。

第三部分：

以老国货优良经验和不足之处、新国货创新发展突破口两大方面为基础，展开新国货国字品牌构想，包括国字品牌理念、国字品牌思想、国字品牌产品特性的研发与测试、国字品牌产品的单品包装设计理念、国字品牌服务模式等。

第四部分：

针对新国货国字品牌构想展开品牌实践，包括国字品牌理念、国字品牌思想、国字品牌产品特性的研发与测试、国字品牌产品的单品包装设计理念、国字品牌服务模式等。

第五部分:

根据已落地的五家门店的运营实践分析"互联网＋时代"下新国货的运营数据、成长数据,并总结出具有可操作性的创新理论和方法。

第六部分:

新国货成功案例——护肤品牌第自然的全方位展示。

通过展示得出老国货、新国货核心本质的界定有两点,第一点是制造和创造的区别,前者侧重制造,靠量获取市场,后者侧重创造,靠品质说话,使工匠精神渗透到每一个细节的革新中;第二点是线上线下相结合的新零售服务,新国货强调的现场交互式体验,是老国货完全不具备且无法通过复制而能够达到的。

推荐序

了解到第自然这个品牌很是意外，给我很大的冲击。当时正值酷暑，从凌晨五点一直忙碌到下午三点，五点又要飞抵他地，虽然已经习惯于整日飞来飞去、天南海北地处理事务，但身心早已疲惫不堪。难得逢上空闲小憩，准备去喝一杯降暑茶，突然一位身着禅服的小姑娘递过来一张小卡片，上面写着："天热，人熙攘，行匆，事杂乱，身疲，心烦惫，静心，憩杯茶。"言简意赅，正中我下怀。

这么巧！不妨一试！

按照地图索引到店后，顿时眼前一亮，感觉突然从嘈杂纷乱的都市跳进了奇妙的大自然中，店内布局规矩有道，环境明净简素，入坐软适的体验椅，当店员递过来茶时，眼前再次一亮，一饮而尽，未曾闻过的花香在舌尖回旋，店员似乎看出了我满脸的疲倦，建议为我做一次免费的禅养护肤，禅养护肤是什么？心底打起了大大的问号，看了时间，还来得及，那就试一试？

好久没有如此放松的午后小眠了！只记得店员娴熟地在面部打理，但从戴上一对耳麦后便全然不知了，醒来后身体轻盈许多！试用的男士产品——城北徐公葛根系列也很是独特！

由于时间关系，只在店里待了半小时，离开后，"第自然"三个字仍在脑际萦绕不去，网上搜索浏览了这个品牌，真的不敢相信它只有短短一两年的成长史！品牌文化、品牌模式、产品结构、陈列布局，等等，如此完美！我要找到第自然的创始人！

　　和创始人朱震的约谈进行了三个多小时，一身实干派的作风，一个不折不扣、精益求精的匠人！同时他也是一个怀揣新国货梦想的年轻人！对于第自然的未来，朱震没有"霸道总裁"天马行空的侃侃而谈，只轻描淡写地说了一句："在路上，继续走。"

　　在国内护肤品新秀品牌中，无论定位、产品、服务等，第自然都在以"民族品牌"为标准砥砺前行，禅讲缘，和第自然的相识，以及后来和创始人朱震、小河的秉烛夜谈，这一切可以说都是禅缘，寻禅求美，就像第自然的"品牌故事"所言，没有品牌故事，只有一群年轻人寻禅求美的历程，故事，总会结束，而征程，才刚刚开始！

　　新国货第自然的国第五千家布局，翘首以待！

郝永强

2018 年元旦

连锁经营专家

易加盟连锁加速平台创始人

悦和企业集团董事长

序　言

少谈国货，莫提国妆，因为我们都没资格。

我认为男人之间的话题，谈论最多的莫过于事业。

女人之间的话题，就要复杂许多，吃穿住行"拍拍拍"——拍拍粉扑、拍拍闺蜜合照、拍下剁手宝贝。女人之间的话题，归纳一下，无外乎紧紧围绕两个主题：美美的生活和美美的自己。

说这些，似乎与自序定下的标题内容没有任何关系。

就像一旦提及国货、一旦提及国妆，人人都会说"又不是我制造的"，只是拿来发泄一下不满——大家似乎觉得和自身关系不大。关于国货、国妆，任何一个中国人，无论男女老少，都能义愤填膺地激烈争论三天三夜，而结果无非是：实在困得不行、实在再无喷点，扔下国货、国妆，人走烟灭——和我没太大关系！该上班的上班，该上学的上学，该遛鸟的遛鸟。国货，仅是一个老生常谈的吐槽点而已。

相信你也经历过这种特别亢奋的国货话题讨论，一旦点燃这场讨论的导火索，要么自己瞬间升级为"民族领袖"，要么就崇拜地看着自己的小伙伴华丽变身，总会有个引领众人抵达嗨点的"民族英雄"，他时而冷静思考，时而语气凝重，时而慷慨激昂，时而微笑不语，在成功地获得了在场男同胞的崇拜目光，以及在场"女神"的殷勤好感后，王者退场，结束，仅此而已。

关于国货、国妆，参与讨论的人真的是太多了，感觉把讨论者全部派到月球，即便眼神不好的人，举头望月照样看得清手牵手组成的"中国制造"四个字。而讨论喷出的各种吐槽点，如果能压缩成土地，也用不着航天局"嗖嗖"发射宜居地探测器了，估计十几个仿制版全生态地球已经造出来了。国土局得感谢讨论者，世界人民更需要感谢中国。

说到这儿，仿佛瞬间我也成为"民族领袖"之一了。

过嘴瘾，不得不承认是我们中国人的一个缺点。

骂国货、国妆不行，到头来还不是骂我们自己不行？过完嘴瘾就完了？国货不行，和每一个中国人怎么就没关系了？

好面子，不得不承认也是我们中国人的一个缺点。

大家都好面子，懂得多的是学者，是"老司机"，对国货、国妆摸得门儿清，句句点到点子上，成了众望所归的权威，赢得阵阵掌声和满堂喝彩，面儿也足够大了。为了这虚无的面子，却出卖了华夏炎黄的尊严，中国脸都没了，个人何来的面儿？

"愤青"情绪，更是我们中国人必须承认的一个缺点。

而这种"青"，和年纪真的关系不大。

爱国货、爱国妆，这个没有错。错就错在一味地、近乎偏执地满腔热爱，哪怕某款国货产品已经烂到要被淘汰，却依旧容不得别人半点质疑，身上的标签光鲜耀人："我就是爱国货！我就是爱国！"这种愚昧的、非理性的行为，不但无法帮助国货奋力成长，反而使得国货裹足不前，甚至加速其退出历史舞台。与此相反的另一类，也可称作"愤青"，"就是爱洋货，洋货产品好是无法否认的事实"，两类"愤青"天天开打，早已司空见惯。

每每此时，出来收场的，总会是有中国特色的中庸派："交给市场，现在是市场经济！"

"交给市场"，确实平息了很多口水战。

回到开头——男人和女人。女人越漂亮，男人越喜欢，当然废话一句。可作为堂堂七尺男儿，对自己深爱的女人，给她一摞厚厚的钞票加无数暖心呵护，就是深爱了吗？我们甚至不敢拍着胸脯说："用这款护肤品，这是我专门为你研发的！"我们甚至无法挺起腰杆说："这款100元人民币的国货，效果和300元的舶来品一样！甚至比舶来品还要好！"

无可否认的一个事实：真正日日夜夜甚至一辈子切肤"陪伴"爱人的，是各类护肤品、化妆品。女人越漂亮，男人越喜欢，不是废话，"女为悦己者容"，用什么来"容"？"一方水土养一方人"，当然是用符合国人肤质的国货品，而我们却发现这都给不了！

回到主题——少谈国货，莫提国妆，因为我们都没资格！

为什么没资格？

没有实践，就没有发言权！

与其浪费时间打口水战，与其浪费精力维护巴掌大的面子，与其浪费时间一腔热血蒙头"愤青"，与其浪费时间苦思冥想各种空论，不如和你所谓的"敌人"握手言和，拒绝毫无解决国货实际问题的"谈谈谈"，不如勇敢地去担当，国货、国妆和你我密切相关——国货兴亡，匹夫有责。

没有实践，就没有发言权，本人绝非提倡禁言论。而是让自己以后谈论的每一个点，无论在街坊巷里，还是在海外高堂，都有分量，都有地位，都可自信满满，都可引以为傲——都有绝对资格！

关于国货、国妆，根据实践所思所得，本书只做以下三点经验分享：

一是摸清症结：国货、国妆市场低迷的前因、现状（历史、经济环境、社会背景、民众意识等）。

二是依症抓方：对国货、国妆奋起突破点的抓取、改变现状的方案。

三是实战校正：通过本人自建品牌第自然的实战经验，找出切合实际的方法论。

期共行，盼同事，才疏浅，求赐教。

朱　震

2017 年 8 月 20 日

目　录

第一章

「国货，不是国祸」

浅析中国品牌意识：国货差在哪儿

"请问你用什么牌子？"

当然，这是一个很唐突以及不健全的问题。

"你用什么牌子？"如果你的好友冷不丁地问你，估计你得疑惑地盯着他看半天，起码得知道问的是哪方面啊！车？皮包？衣服？化妆品？

到底是车还是化妆品，暂且不重要。

"你用什么牌子"其实是个比较敏感的问题，敏感到什么程度？

如果在你的朋友圈，有从事理财类工作或者特别爱好做媒婆、月老的朋友，给这类朋友介绍三个完全陌生的人，外加三个小时的沟通和观察，通过"牌子"短时间内他们完全可以做到摸查出对方的资产有多少，准确率起码达到70%。

如果再多给他们几个小时，他们甚至连这三个陌生人目前将会发生的较大消费需求也能够摸清，有的可能被推荐了某某理财产品，有的则可能被拉去相亲。

这个敏感程度不言而喻，品牌，现在已经成了个人社会资产占有率的一个外在标志。

国人是好面儿的，牌子问题自然就是面子问题。"狂热豪购国际顶级品牌奢侈品，豪起来有时连自己都敢买"，当然这是句玩笑话，国货品牌满足不了我们的面子问题，外购很符合逻辑，所以，劝"愤青"们接受现实，不要因为这件事把自己气死。

国货品牌的整体现状，一个字：差。差到什么程度？差到连"自己人"都难以接受的地步，差到骂"自己"都能骂上瘾的地步。

国货品牌为什么如此差？

我们就从"品牌"这两个字，找出国货差的关键原因。

麻烦你把书稍微放一下。

环视一下你现在所处的环境，用三五分钟的时间，仔细看看你身上以及身边的物品，无须问答，我完全可以确定地得出结论：十件物品，至少八件都是有商标和品牌标记的（当然如果在野外旅行，石头、花草是不算的，那是属于大自然的），没有商标和品牌标记的物品，只会是国产小物件。

当下看商标和品牌，已经不再是什么稀奇的事儿。但你绝对想不到的是，就在40年前，没错，40年前"商标""品牌"对于中国几亿老百姓而言，还是相对陌生的，陌生到什么程度？假如当时的一件国货上面印有Logo（标志）或者××牌子，给人的第一印象便是：真洋气。

看过一个访谈录，是一位老先生主持的，他是这样讲的："改革开放刚开始的时候，我碰到过一个意大利鞋商，他到中国来以后特别高兴，那时候中国还没有十三亿多人，中国当时近十亿人。他就说这近十亿人，一年我得卖多少双鞋啊。我说你不懂中国，中国有八亿人自己做鞋，不买你的鞋。他听完大惑不解，他说自己怎么做鞋？我说你不要说到农村去，就是我们年轻的时候（目测老先生年逾古稀，70多岁），在北京的胡同里，经常还能看见老太太纳鞋底自己做鞋，千层底的布鞋。"

手工千层底布鞋，80后应该还有深刻印象，因为"最爱穿的鞋，是妈妈纳的千层底，站得稳走得正，踏踏实实闯天下"——儿时穿着长大的。但估计现在的90后、00后没太多印象，有印象，也是从国内仿古派鞋店买回来的品牌鞋，价格自然也是贵得相当离谱。最贵的应该是国外某个品牌的，样式、质地和国内一模一样，但"牌子"在那儿摆着，八九百元一双，再去地摊儿看看我们的国货"千层底儿"，大多不超过 20 元人民币。

如果现在奶奶辈给这些 90 后、00 后孩子纳一双"千层底儿"，大多是不会穿的，觉得丢人、没面儿。

上文也提到，40 年前，商标和品牌对于中国几亿老百姓而言是个"洋玩意儿"，40 年前我们中国人压根儿就没有商标意识和品牌意识，也根本没有意识到商标和品牌对于国货而言产生的无可限量的价值。换句话说，如今国货"不兴旺"的一个根本原因便是国人一直不注重商标的价值、品牌的价值。

是不是中国人都太傻了？这个还真不傻。理查德·林恩教授的《智力的人种差异：进化分析》中有这样的结论：欧洲人平均智商达到 100，而东亚人（中国人）智商平均达到 105，为全球最高。不用怀疑，脑子没问题。

如此聪明的脑袋，为什么会出现这种不注重商标、品牌的价值的情况呢？

读史明智，那么先讲一段历史，从历史中找答案。

现在放眼全中国，到处都是高楼大厦，到处都是现代化大都市，但一个不可否认的事实就是，我们五千年文明至少有 4800 多年都是农业文明，包括现在依旧是一个农业大国。

100 多年前，我们一直是自给自足的自然经济，是以农耕为核心的一个"古老"社会，除了劈柴、喂马、耕地，就是发展手工业，自给自足嘛，衣服鞋子统统都是自己做，做给自家人穿，质量绝对是不存在问题的。

比如一双鞋，从兽皮鞋到草鞋、木屐、布鞋，做来做去，几千年做下来，总会有能人巧匠制作出质量好又漂亮的"稀罕物"（可惜当时没有"中国达人秀"）。"稀罕物"就成了工艺品，而手工工艺品正是商标、品牌的雏形。

比如王麻子刀，清顺治八年（公元 1651 年）那会儿出的名儿，LV（路易威登）也不过是 1854 年才诞生，商标、品牌的雏形初现，其实我们比西方早得多，只不过品牌雏形早早地胎死腹中。怎么就死掉了？一句话可以归责到清政府，那是教科书上说的，当然核心是封建社会问题，不过"死了"那么多年了，骂它除了过嘴瘾没什么意义，国货依旧不行，这就是你我的问题了。

接着琢磨历史。

明朝中后期，手工业发展进入繁荣鼎盛的成熟期，就像大自然当中的一棵果树，具备了结出果子的条件，而以工艺品为代表的"品牌"已经呱呱坠地。当然手工业是侧重于大众群体的，而那时的品牌则更侧重于"小资"，无论怎样，手工业和手工艺（工艺品）都会促使我们追求更好的生活，老百姓没太多要求，物质生活过得好就可以了，而有一批人则更侧重于精神的追求（我个人喜欢称之为"上帝改变现状的执行者"），一辈子执着于一件事，这种执着就催生了"匠人精神"，"匠人精神"则带来了一个我们今天熟知的名词——品牌。

让一个品牌活着，需要的不仅是匠人的执着，还有社会制度搭建的"培养皿"、民众意识的转变、工商阶层的历史使命感，等等。当今的国货不行，制度没问题（稍后细谈），想做好一个品牌的人也比明朝、清朝多了去，还是个民众意识迟滞的问题，我们之前骂清王朝、骂封建制度，如今，需要每个人反思自己内心了。

品牌这东西，看不见摸不着，对几千年来农耕经济下实用主义的中国人而言，确实是件头疼的事。

正常的、合乎真理的实用主义，带给了我们辉煌的文明成果，造就了我们国人勤劳、朴实、能吃苦等诸多优秀基因。但我们中国人对根深蒂固的实用主义越来越偏执，以致到了极端，这是导致国货差的一个先天性致命弱点。

举个例子来嘲笑一下我们自己，刺痛一下我们麻木的神经。

就拿一个电灯泡来说。

上海是国内生产和使用照明电器最早的城市之一。清光绪八年（公元

1882 年），上海建成第一家由英商投资的发电厂，开始供应照明用电，开创了中国人使用电灯的历史。不过电灯真真正正普及到平常老百姓家里，还得算到中华人民共和国成立以后。

有这么一位老汉，姓王（嗯，隔壁家的老王），叼一杆旱烟，大家都知道抽烟是离不开火的，而这件事就因火而起。那时全村开始通电，用电灯泡代替昏暗的煤油灯，通电的第一个晚上大家都很高兴，每家自然都会小小庆祝一番，老王也不例外。

滋溜三五口酒下肚，喝酒的人都懂的，得点袋烟啊。老王又是一个会过日子的人，但凡煤油灯亮着，绝对不用火柴，可是寻摸半天才想起来煤油灯没了，抬头一看锃亮的电灯，踩着凳子就把旱烟袋伸了上去，结果当然是点不着！

老王怒了，烟袋杆一敲，啪！灯泡碎了，怒到气急败坏。

第二天他找到村长，要求撤掉电灯。理由有三：

一、电灯不实用，还不如煤油灯，煤油灯起码可以点个烟。

二、灯泡不结实、质量不行，不撤电也行，得配个和煤油灯壶一样结实的灯泡。

三、"烧"一天电灯得花钱，灯泡碎了也得花钱，而且买个灯泡太贵！不如煤油灯，一根灯芯一段绳就够了。

对于老王的落后和愚昧，除了哈哈一笑外，大家能否看出这和国货差的关联性？

其实我们每个人或多或少地都有这种"灯泡思想"以及衍生出来的行为。

比如说一个东西好，首先想到的一点就是质量好，而且我们常常习惯用"纯"来形容这种质量好，"你看，我这衣服纯麻的、纯毛的、纯丝的、纯棉的"，一定要说纯粹的，一说混纺的就不高兴，就说这东西不行、这质量不行，老觉得是布料里掺假。

西方人没有这个概念。

西方人不讲究料，西方人一定说我这物件是谁设计的，设计是第一位，说其他的都是虚的，设计师设计出来的那个东西是看不见的，西方人特别强调设计师的价值。有时候你去买国际上最贵品牌的奢侈品，它给你提供的原材料倒并不那么贵，一个价值三万元人民币的 LV 包，两万元是品牌价值，五千元的人工费五千元的料，就足够了。

在实用主义观念下，我们不会关心这物件是谁设计、谁制造的，好用就行，直接意识上就已经捅了品牌一刀。

1854 年 LV 品牌诞生的那一天，中国幅员辽阔的疆域上，必定有十个甚至一百个手工艺人、匠人能够设计出和其旗鼓相当的各类皮包。甚至有的皮包厂历经沧海桑田，至今仍然存在于南方的某个小镇上。但是我们今天不得不承认的现实便是，LV 已经卖到几万元一个，而这些活下来的老工厂（包括新兴的各类几十万个皮包厂），因为没有品牌的灵魂存在，几乎有同样的甚至更好的质量，却还在持续着这样的现状："300 元买一送一⋯⋯"

当某一天我们发现品牌的价值时，却又陷入了另外一个极端。

而陷入这个极端的触发点，正是我们中国人的特色：好面子。

好面子，让我们丢尽了中国人的脸，成为了导致国货差的又一致命弱点。

回到本书一开始提到的面子问题。国人是好面儿的，牌子问题自然就是面子问题。狂热豪购国际顶级品牌奢侈品，豪起来有时连自己都敢买——这是句玩笑话，当然，也是重复了前文——豪，中国人目前确实有钱了。

我有钱，我买我自己喜欢的东西，就因为买的是国外的，这就有错吗？

没错，如果我和你掰扯外购与国货，讨论爱国，只能证明我也是个"愤青"。

我只讲一个事实。

先说钱，有钱是件好事，我们一直在追求的富强，"强"不敢苟同，因为两者是呼应关系，先富起来才有可能实现强，口袋里无论是十万元还是一亿元，都是一个数字，我们来分析一下这些数字背后的逻辑关系。

无论你是企业老板，还是车间工人，这些数字背后都存在着一个奇怪又很正常的现象，那就是：这些数字根本不属于我们。很奇怪，明明在自己口袋怎么不属于自己了呢？我们追溯到源头，当今制造业、服务业等，关键技术、专利超过80%都是牢牢控制在西方国家手中的，我们充当的角色，只不过是"田间老牛"罢了。

例如："美国的某品牌A，一群中国人没日没夜装配品牌A送到美国，再由一群中国人没日没夜排队买下送回中国，最后以这两群中国人都出不起的价钱，卖给另一群中国人。于是装配工人有工作，排队工人有收入，有钱的买家也交了大笔'奢侈税'。这就是中国特色。"——The Verge（美国的一家科技媒体网站）评论摘选。

"宁可卖命换眼前的微薄收入，也懒得研发高科技产品；宁可卖肾多花钱买洋货，也不屑支持国货"，这些事情，发生在世界高智商人群密集度最高的地区，它叫中国，这些人，叫中国人。所以说，我们口袋里的钱是不属于我们的，说句难听的话，它只是我们干活儿换来的"饲料"，当家的哪天不开心了，哪天觉得用你成本太高了，便可"卸磨杀驴"。

想要找回属于中国人的面子，必须从国货找回，国货不强，国家不强，我们好不容易富起来、长起来的肉，到头来还会任人宰割。

2015年年初，我身边的许多朋友就开始叹气了，说生意最近不太好做。当时以为只是国家宏观调控的原因，后来逐渐明白，那个很容易就赚到钱的时代基本已经结束了（这可不是唱衰国民经济），因为我们的劳动力红利已经没有了。举一个最简单的例子，你让现在一个95后，去干70后、80后曾经干过的活儿，绝对扭头就走头都不回。他们没有穷到非得这碗饭不吃的地步，70后、80后会这样做，并非吃苦耐劳起关键作用，关键是真的没钱啊。"自己再苦也不能苦了孩子"的愿被啃老的理念，一方面，加速了人力成本的高涨；另一方面，几乎把我们好不容易打拼出来的"资本原始积累"又拱手还了回去，没去拿着钱自主创业，而是一味地消耗在国外品牌搭建起来的"优质服务"上，说还回去还是错的，说双倍还回去才是正确的。

万事都是相互联系的，一个环节出现问题，带来的便是"蝴蝶效应"下的触发反应，接下来再说一个导致国货羸弱不堪的因素——我们的小聪明，即我们引以为傲的全球领先的智商问题。中国人不傻，只是太聪明，没有民族使命感这种大智慧凝聚的小聪明，是一盘散沙，是一种"集体弱智"。

消费和供给，我们在这里不讨论到底谁决定谁，那是经济学家需要研究的事情，我们只讲事实。事实就是，目前国内到处充斥的假货、仿冒品（无论高仿还是低仿）等，这种现象都是"蝴蝶效应"触发的行为结果，一种我们自己觉得聪明的，但等价于又捅了品牌一刀的行为结果。

对"品牌"这个洋玩意儿的接受，总有一个过程的，我们慢慢地建立了一些品牌意识，虽然不懂《国际商标法》也不懂《专利法》，但知道直接去抄袭人家的品牌不对，眼睁睁地看着西方的品牌赚大钱，而且还是赚的中国土豪们的钱，心里肯定不乐意，有没有什么最直接的办法，可以把这些呼呼外流的人民币拦截到自己的腰包里？

同样的问题，估计西方人想不到，但是我们做到了，因为我们实在太聪明。

比如你的那个包叫什么呢，叫 LV，对吧，我这包呢，叫 LU，把这弯儿拐大点。你告不了我侵权吧？比如你穿的鞋，你叫 Adidas 是吧，我这鞋，我叫 Adidos，这是一类。还有哪类呢？国外压根儿没有的品牌，或者只是花钱让国外品牌承认有这个品牌，我们可以造出来，这个不好直接点名，但都是心知肚明的，外国人就搞不明白啊，这样也可以卖出去？没问题的，如果你的外国朋友感到不解，那他和上文提到的意大利商人一样，不懂中国。

中国人的面儿，那可是比命值钱，也就是这种好面子，导致我们一直走不出这个怪圈。

中国人这种"小聪明"特别多，我们从小就在潜移默化地接受着这个"畸形锻炼"，西方品牌为什么不能抄袭啊（说好听了叫借鉴），小时候作业都是抄的也没怎么着，负责任的老师打几下手心，不负责的老师睁只眼闭只眼就过去了，最后大学也顺顺利利毕业了对不对，就是抄人家的东西嘛。所以在我们中国，起码目前对抄袭的判罚，不管是专利的抄袭，还是影视剧本、小说作品的抄袭判罚，都是非常轻的。在国外，比如在英国、在美国，这种对专利的抄袭一定会让你倾家荡产。

"小时偷针大时偷金"，我们从小就严格地接受着这种关于美德的告诫。只可惜，我们中国人填鸭式的教育，让这句话成了一句教条，这句话表面字意是教育我们长大后不要去偷东西，但仔细琢磨一下，我们的抄袭、我们的借鉴（此处争议较大，此借鉴非法律意义上的"借鉴"，在这里换种说法叫抄袭）、我们的模仿，这些在属性上都是"偷"，而且是明目张胆地"偷"，为什么明目张胆？接下来讲导致我们国货差的一个制度因素。

敢偷，要么是家长默许，就是家长也是个"惯偷"，要么就是家长的"家规"姗姗来迟。

我们中国的"家规"，确确实实是姗姗来迟。不过这是合乎情理的，毕竟我们一直都不重视品牌的这个农耕经济思维下的事实在那儿放着——经济基础决定上层建筑。

一起来找一下差距——当我们还沉浸在自己五千年文明大国的"麻醉池"时，西方在做什么。

专利法的起源可以追溯到 13 世纪的英国。

13 世纪，英国出现特许令状，由英王颁布诏书对新近的发明，或者新引进英国的技术授予其在一定期限内的垄断权。比如，英王亨利三世 1236

11

年授予波尔多的一个市民以制作各色布的 15 年的垄断权。实际上这是封建特权的一种形式，并非现代意义上的专利。

1474 年，威尼斯城邦共和国元老院，颁布了世界上第一部具有近代特征的专利法。1476 年 2 月 20 日即批准了第一件有记载的专利。威尼斯成为第一个建立专利制度的国家。

1624 年，英国颁布《垄断法案》取代特许令状制度，是世界上第一部具有现代意义的专利法。它是现代专利法的开始，对以后各国的专利法影响很大，德国法学家 J. 柯勒曾称之为"发明人权利的大宪章"。

世界上第一个建立商标法的国家是法国。

1804 年法国颁布的《拿破仑法典》，第一次肯定了商标权与其他财产权同样受保护。1809 年法国颁布《备案商标保护》法令，这是最早的商标保护的单行成文法规。1857 年法国又颁布了一部系统的《商标法》。

英国 1624 年第一部专利法，法国 1809 年第一部商标法——我们那时还在实行之乎者也的科举制。

到了 18 世纪的后期，英国人颁布专利法大约 200 年以后，美国人开始颁布专利法，包括后面的法国人、意大利人、德国人，乃至到最后日本人都相继颁布本国的专利法。

日本颁布专利法是哪一年呢？是 1885 年。我们呢？是 1985 年，整整晚了 100 年。在日本颁布专利法后的 100 年，《中华人民共和国专利法》诞生。

这就是从 1624 年英国人颁布第一部专利法到 1985 年，350 多年以后，我们才有这个意识，才有这个"家规"。

由于中国人不注重无形资产，不注重品牌，且长时期地受制于农耕民族的思维，我们一定是物质化的——全世界没有哪一个民族像我们这样如此的物质化，中国人对品牌就不能形成有价值的概念。即便如今形成了品牌意识，制度还不怎么完善，却又陷入面子"泥潭"和小聪明"泥潭"。

但是，从历史发展规律来看，这些困扰国货的"泥潭"，算不了什么大问题，路往前走，难免坑坑洼洼。

最为关键的是，就像我在序言里面提到的：少谈国货，莫提国妆——停止无意义的空谈，管住嘴巴，抬起头来认准方向，跟着发展规律，把握住机会，踏实做，往前走。

这才是我们这一代人甚至两代人、三代人，要做的有意义、有价值的事情。

这件有意义、有价值的事情，或者说使命，就是：国货兴亡，匹夫有责。

追忆经典国妆品牌：国货差在这儿

砰!

新疆罗布泊。

1964 年 10 月 16 日下午 3 时。

中华人民共和国第一颗原子弹爆炸成功。这是国人尽知的一件振奋人心的事。

那么，中华人民共和国第一套真正意义上的国货化妆品，是什么时候"砰"的一声诞生的呢?

知道这件事的，估计微乎其微。这套国货化妆品名字叫露美。1980年，国家计委（国家计划委员会，后改组为国家发改委）和国家轻工业部，下达指示开发中国第一套成套化妆品项目。是的，你没听错，我们中华人民共和国的第一套化妆品，是政府主导并历经一年的时间研发而成的。

它（露美）曾经成为美国前总统里根访华时，我们中国送出的国礼，送给他的夫人南希。英国伊丽莎白二世女王访华的时候，它也是我们馈赠的国礼。当我们已经造出原子弹时，我们还没有一套化妆品，而这是我们中华人民共和国成立以来第一套成套的化妆品。

然而，20 世纪 90 年代初，露美被外资收购，几经周折后又回归上海家化，露美品牌终归沉寂。

这种昙花一现的"国礼"，除了有我们的致敬和怀念外，留给我们的真的再无其他。

中国第一套化妆品，不是从企业、市场中诞生，这本身便是一个不合乎经济发展规律的事件。世界上估计找不出第二个由政府全权主导振兴国妆的记录。当然，抛开政治、历史因素，起码我们能够看到的一个事实便是：我们国家的政府确实是一贯坚持"为人民服务"这个基本原则的，自己的皮肤自己养护，自己的产品自己打造，可惜的是，执行方法有待考量。

如今提到国货，总会让人不由自主地在"国货"前面加两个字——经典，既然称经典国货，证明几乎已经销声匿迹。没了，所以拿出来怀念怀念。别的不说，起码像化妆品如此庞大的、日常的快消型产品，仅有部分人出来搞个怀念活动之类的是正常的。但若普遍性的、全民性的一旦提及国货就自动加"经典"，那就是一种耻辱了。就像一个生活异常凄惨的人，才会不由自主地怀念昔日无限光彩一样，国货差到如此程度，耻辱，更是"国耻"。

前面已作过国货低迷因素的初步探究和归因，这里不再赘述。

让我们一起怀念一下"经典国货"那份遗失的美好。

"广德、厚生、聚人心、行天下"，1898 年，冯福田先生在创立香港广生行有限公司时定下的十字企业理念。这大概是中国历史上第一家近现代化化妆品公司，也是最早大规模采用机械设备和化学方法制造化妆品的企业。

而它的品牌就是大名鼎鼎的"双妹"。

"双妹"的"老大"地位，不仅仅因其是中国历史上的第一个"现代化"化妆品品牌。其最为卓越之处，即在 100 多年前便使用了类似于今日大街小巷明星广告的营销方式，手工绘画的新潮海报宣传使得"双妹"家喻户晓，关蕙农、郑曼陀、杭稚英——可以说民国不同时期叱咤一方的广告画大师，都曾为它画过那些"少女"的形象。

"少女"为什么要特指呢？因为最初的"双妹"，确确实实为"男儿身"的。理由也很简单——19 世纪末的封建社会，女模特这个行业几乎是不存在的，即便有女子愿意从事，这种大量的"抛头露面"概率也近乎零，可见当时仅创作一张海报，就有各种想象不到的困难了。

100多年前，没有发达的互联网；100多年前，没有彩色电视机；100多年前，没有各种各样的时尚媒体；100多年前，没有专业PS（图像处理）、AI（人工智能），这些都没有关系。因为"双妹"本身，便是上海摩登时尚的化身。传言，"双妹"的由来，是冯先生梦中得到的灵感：完美的女人是"嗲"和"嗷"气质融合一身的，如双生花一样。"嗲"是沪语中形容上海女子言谈举止的娇俏柔媚，是骨子里透出的女人味。"嗷"是沪语中用来描述女子聪明伶俐、果断干练，是上海这座城市独有的女性的精英气质。"双妹"品牌用"嗲"和"嗷"两个字简练而生动地概括了上海女人独具的两种气质。

注重品牌归属价值，以及注重品牌设计感（现在来看，虽然只是很差的手画海报），是"双妹"一举成名的两个关键因素。

1915年，"双妹"旗下已经拥有众多美妆与香水产品，品类非常丰富、全面。"双妹"的经典产品"粉嫩膏"在旧金山巴拿马世博会上斩获金奖，时任中华民国大总统黎元洪亲笔为其题词——"材美工巧，尽态极妍"。当时的巴黎时尚界用"VIVE"（极致）盛赞"双妹"的完美。由此，"SHANGHAI VIVE"就成了"双妹"的另一个名字。

民国时期，广生行在全国很多地方都设立了分公司，基本每到一处开公司，都会受到政商名流的追捧。作为当时的国货拳头品牌，太需要与许多国外品牌同场竞争。就像整个民国历史一样，东西方的力量不停地在拉锯。（再回过头来看如今的国货、如今的国民思想，我们究竟是前进发达了，还是倒退衰败了？）

那么，现在"双妹"情况怎样了？

饱经岁月波折的"双妹"，也曾试图重回时尚至尊地位。但自2010年尝试在国内复兴以来，目前仅有的十几家门店中多数已关门谢客。价格太贵不是复兴失败的原因，对于中国市场，这个值得敬重的经典国货已经迷失了方向。物质决定意识，民国老上海的魔都魅感是无法生存在当下的经济环境中的，没有与时俱进，仅靠怀旧风——风总会时停时起，是无法确保民众对其长久、持续需求和依赖的。

再来看"谢馥春"。

单从时间上来看，"岁数"最大的前辈并非"双妹"，而是"谢馥春"，其历史可追溯到清道光十年（公元1830年），为什么没有先于"双妹"前提到"谢馥春"呢？并非个人偏好，而是关乎一个品牌和商标的问题。"谢馥春"一开始是只有字号的，就像国家商务部授予"中华老字号"称号一样，"谢馥春"是传统的粉铺，所以其品牌价值在这一点上要逊色几分，我们只能说感谢残酷的历史筛选以及"谢馥春"历代匠人的坚持和改进，不然，这个"品牌"恐怕就像其他"老字号"一样消失在历史长河之中了。

"鹅蛋粉，白如霜，搽在脸上喷喷香。"这是当时广为流传的一句民谣，讲的就是扬州"谢馥春"的香粉。古代扬州女子化妆，旧称面饰，可追溯至隋唐，盛用螺子黛（古称石墨）画蛾眉，至宋代喜涂口红，明清爱抹胭脂敷香粉，清代尤以敷香粉为美，更以用"谢馥春"香粉为荣，可见其影响力有多大。清末，"谢馥春"集明代的"戴春林"和清代的"薛天锡"两家香粉店之长，在香粉中融合了中草药的药用功能，采用鲜花熏染、冰麝定香之工艺，并对粉型作了改进，制成鸭蛋香粉。在继承扬州美妆文化的基础上，发扬并形成了自己独特的"东方化、功效化、天然化、人性化"的风格，从而使鸭蛋香粉声名鹊起，名扬大江南北，故而扬州出美女，源自"谢馥春"。

"谢馥春"一直遵循"劣货不卖、卖货归真、真不二价、价不欺人"的经商之道，故而其香、粉、油产品，历经百年，经久不衰。

而让其惹上麻烦并出现衰败迹象的，正是因为长期对品牌、商标的不重视。

1913年中国历史上第一宗商标侵权案，打官司的就是"谢馥春"

（1830—1913 年，83 岁时终于有了自己合法的名字）。

　　1913 年之前，各种香粉铺开始冒用"谢馥春""五桶"注册商标（"五桶"谐音"五通"，意为五路财神路路通），销售劣质香粉、头油产品，严重冲击了"谢馥春"的经营。当时"谢馥春"具状向扬州地方司法部门起诉，后经北洋政府大理院受理判决，责令所有冒用"五桶"商标的店铺具结悔过，严禁冒用，并赔偿谢家损失，此商标侵权案曾轰动一时。

　　"吃一堑，长一智"，然而，这句话在"谢馥春"这个品牌上，似乎天生就不见效，对"谢馥春"品牌价值的保护，始终处在一种"不给力"的状态。

　　1956 年"谢馥春香粉店"公私合营，成立了"公私合营谢馥春香粉厂"，主要产品有鸭蛋香粉、冰麝头油、雪花膏、蛤蜊油，职工 49 人，"谢馥春"开始公有化。

　　1958 年更名为"公私合营谢馥春日用化工厂"。

　　1966 年更名为"地方国营扬州日用化工厂"，职工 100 余人，开发了卫生丸、清凉油等产品，完成工业总产值 151 万元。（"谢馥春"三个字没有了，很难理解！）

　　1980 年更名为"扬州谢馥春日用化工厂"。（14 年后，"谢馥春"三个字又出来了。）

　　1983 年工业总产值为 220 万元。主要生产护肤、护发、美容、水类化妆品。（明星产品无法查证是否还存在。）

　　1987 年工业总产值为 850 万元，实现利益税 282 万元，其中利润 55 万元，实行了厂长负责制。（由个人名号直接转换为了一种集体品牌，这是一种品牌危机。）

　　1989 年企业被评为"江苏省省级先进企业"。

　　1991 年"谢馥春"化妆品作为礼品赠送给朝鲜劳动党前中央总书记金日成。

　　2001 年企业生产开始逐步萎缩，于 2003 年歇业清算。

2005 年 10 月成立"扬州谢馥春化妆品有限公司","老字号"重获新生。

这并非我个人喜欢抠字眼，长期的品牌意识弱化现象，使得"谢馥春"在进入互联网时代后，显得如此地措手不及，无论政府如何"强有力"地保护，无论怀旧情绪下的民众如何"复古"，不解决自身根本问题，终究难续昨日风光。

除了一开始提到的"露美"曾作为国礼相赠外宾外，"百雀羚"也曾经随现任国家主席夫人彭丽媛出访过非洲。

单从名字上来看，其实"百雀羚"三个字相比其他经典国货是最成功的，无论一百年还是两百年，起码听起来没有"土掉渣"的感觉，说句玩笑话，起一个好听的名字真的是成功了一小步，因为大家都清楚，"百雀羚"三个字，总比"百菜花"要好得多。

有这样一个传闻：一天，创始人顾植民先生在路上遇见一个"算命先生"，便上前询问，该为自己的产品取个什么样的名字？算命先生掐指细算后遂定名"百雀羚"。百雀，为百鸟朝凤之意；羚，是上海话"灵光"的谐音。顾先生一听，正中其下怀，当场拍板定下。在他来看，"百"意味着许许多多；"雀"指的是各种鸟类；"羚"意指鸟儿羽毛中所分泌出来的油脂。"百雀羚"，顾名思义，便是从鸟羽中提炼出来的油脂精华。

好吧，当一位"匠人"遇到一位"知己"，就算不是"高山流水"，也是"举案齐眉"了。

个人认为，屈指可数的经典国妆品牌中，"百雀羚"从目前来看，虽然是活下来后最为出色的品牌，但其身上仍然未摆脱经典国货致命的弱点，是什么？慢慢挖出来。

出生在 20 世纪七八十年代的人（好吧，这又是属于 70 后、80 后的独家记忆，90 后、00 后的人们，实在不好意思了），应当对那个扁扁的圆形深蓝护肤品盒子记忆犹新：蓝色盒盖上有几只简笔画的鸟儿，撕掉锡箔纸后，有股浓郁的香脂味儿扑鼻而来。

这便是经典国妆"百雀羚"，留给国人的美好印记。

"百雀羚，始于 1931 年"，这是个人认为其最为成功的一句广告语。短短不到十个字的一句话，征服了众多女人心，不倚老卖老，不老气横秋，不刻意出新，更像一位自信的、历经沧桑的人站在你面前，向你语气平稳地给出了一个信任保障。

1931 年，公司前身富贝康化妆品有限公司成立，随后富贝康推出国内首创的香脂类产品——"百雀羚"香脂。自 20 世纪 30 年代起，"百雀羚"护肤香脂即热销全国，成为名媛贵族的首选护肤佳品（注意，名媛贵族），"百雀羚"独有的芳香伴随着阮玲玉、胡蝶等民国巨星引领一个时代的芳华，甚至当年流连上海的"宋氏三姐妹"，以及英、法、德等国驻华使节夫人，也推崇使用代表东方时尚的"百雀羚"。

我不是"五毛党"，也不是国外品牌的"水军"，没必要故意去迎合谁，但确实有必要数落一下国妆，这里说到了"百雀羚"，那么就继续不客气了，请问，从 20 世纪 90 年代到 21 世纪初的这十年，"百雀羚"在干什么？为什么 20 世纪 90 年代外资品牌大举进攻中国市场时，国民几乎以一边倒的形势扑向了国外品牌，而不是站在"百雀羚"这一边？不是不爱国，是这国妆实在没办法爱，在产品品质、产品视感设计、用户肤质体验、用户现场体验等诸多方面完败！甚至其在一定程度上没有反省、没有坚持一贯风格，而是改为不断地模仿、模仿、再模仿，换作任何一个民众，我有正宗舶来品干吗再买"伪军"？

还好，"百雀羚"十年困顿，终于迎来转型，迎来对本我初心的坚持。六年的时间，"草本能量探索工程"走出困局，2011 年全面进军天猫商城、卓越网、当当网和乐蜂网等电商平台。通过上海、广州和苏州三地布局与资源整合，公司建立了以上海为企业总部，广州为策划、设计和包装开发中心，苏州为产品 ODM（原始设计制造商）研发和生产中心的管理模式。一系列的组合拳，使"百雀羚"的质量获得空前提升，形象大为改观。

但是，国内市场早已被瓜分完毕。

2014 年中国化妆品零售交易规模为 2937 亿元人民币（含个人护理产品），预计到 2019 年，这一规模将达到 4230 亿元人民币，年增长率将稳定在 8% 上。是的，中国化妆品零售交易额在呈逐年稳定上涨趋势，但是，你清楚我们的国妆品牌在国内占据多大江山吗？

2011 年，5%。

手忙脚乱中，国货差、国妆差的形象已成定局。

也许，只有攒够足够的失望，我们才知道努力，才知道开始变革、创新，才开始做一名真正意义上的"奋青"。

很多聪明人会说，国妆市场占有率如此低，国妆形象如此差，干脆绕道而行。

绕道而行的聪明人，祝你一路顺风，就此话别。

相信我们近 14 亿中国人当中，更多的是担当者。

2014 年，国妆开始苏醒，市场占有率达到 9.3%。以此数据，暂告本节结束。

第一章　国货，不是国祸

富裕不等于强大：国强还需国货强

"没办法，我得挣钱！"

这恐怕是绝大多数中国人在现实面前常常说的一句话。绝大多数，我指的是近 14 亿中国人中的 13.5 亿，甚至更多。

"曾梦想仗剑走天涯，看一看世界的繁华"是许巍的一句歌词，触动了好多人；"世界这么大，我想去看看"是一名辞职女教师的话，也触动了很多人。就单举一个旅游的例子来讲，想去旅游，没时间，时间哪儿去了？忙着挣钱，钱没挣到，哪有资格谈旅游？等有了钱，也不行，因为没时间，这是一种司空见惯的情况；也有人确实是说走就走了，抓起包，一腔热血，奔走四海，回来后耷下了头，早知道花这么多钱，耽误这么多时间，我就不去了！这也是一种情况。情况有很多，甚至比国情都复杂。

无论多复杂，都是关于生存和生活两者如何实现均衡并递进的问题，一讨论就是几千年，而且不光中国人讨论。

"没办法，我得挣钱！"有人认为生活没有安全感，钱最靠谱，这成了人们生存中铁定遵循的规则，也成了人们与自己想要的生活、向往的生活渐行渐远的关键因素。"生存"与"生活"，是截然不同的两个概念。大多数人会说，我现在努力生存、努力挣钱，是为了心中那个美好的生活，表面上看建立了联系也有了方向，实际上往往是南辕北辙的。有时明明感觉自己已经实现了美好的既定生活目标，但却发现与当初想象的完全不同，为什么会这样？用生存的方式努力，得到的只会是生存得更好，和生活完全不搭边。美好生活不是一个目标，也不是一个结果，它是一种思想上可持续信仰的状态。

说这些都是废话，道理谁不知道，而且貌似大道理懂得越多，痛苦越多，不如做一只傻乎乎的"小猪"，吃饱就睡，挺好。

有这种想法"挺厉害"的，因为整个大清朝中后期的皇帝都是这么想的，所以有了闭关锁国的国策——让全民都做吃饱就睡的幸福的"猪"。在当时，起码在清后期鸦片战争爆发前，以农耕经济为核心的封建主义社会确实是相当富裕的，为什么闭关锁国？第一，国外那几个钱，不稀罕；第二，清王朝只是干掉了一个明王朝，但遍地都是汉人，也不可能杀光，况且台湾还有"明根"，万一勾搭外国人再煽动内陆汉人……琢磨来琢磨去，干脆闭关锁国——我不和你们"玩"不就行了。至于天朝百姓，给我好好生活，好好种地别闹事，搞什么雇佣关系？搞什么文化交流？搞什么品牌（资本主义贸易）？统统封杀掉。乾隆帝在其《敕谕英吉利国王书》中说："天朝物产丰盛，无所不有，原不借外夷货物以通有无。"闭塞的封建自然经济，自然没有交往贸易的必要，清统治者反而以此骄人、夜郎自大，所以养肥的"猪"、养肥的自己，自然被人宰割。

这种怡然自乐的自给自足的小农生活，如果历史不继续往下发展，其实也挺不错的。不过这种"生活"态度，本身就逆行在历史的轨道上，自然会被"暴揍"一顿的，你的小日子倒是挺滋润，但是资本不同意啊！没办法，得赚钱！

不交易等于封掉资本主义出路，不给出路那肯定得背水一战。

起初，西方众多国家是发怵的，至少在 1840 年以前，我刚才也提到了，那时的清王朝其实是很富强的，西方小国不敢打，虽然闭关，还是允许"特区"进行一定贸易的，所以列强忍一忍也就算了。

但是麻烦终会到来。

就像现在的我们，特别喜欢美国的苹果手机、德国的汽车一样，那时的外国人也特别喜欢中国制造的东西，比如丝绸、瓷器，虽然都没什么具体品牌可言，但对于他们而言简直到了卖肾也要买的程度。外国人买着买着就发现问题了——清朝不买资本主义的工业产品（闭关锁国是主因），钱全被清王朝挣去了（贸易顺差）。

忍无可忍，那就打，没办法，得赚钱！1840年，第一次鸦片战争爆发，战争以中国失败并割地赔款告终，签订了中国历史上第一个不平等条约——中英《南京条约》，中国开始向外国割地、赔款并商定关税，严重侵害了中国主权。鸦片战争使中国开始沦为半殖民地半封建国家。这些都是教科书上说的，我们权当温故知新了。但有一点，通过这一仗，西方小国发现清王朝原来的强大都是虚架子。最感到耻辱的应该是日本，几百年以来膜拜畏惧的"大哥"，原来是一只"纸老虎"，那就不管什么道德了（无底线），再打！1894年（清光绪二十年）7月25日，中日甲午战争爆发，日本又撕下中国一块肥肉。英国"绅士们"更加得意忘形了："我赢一次（鸦片战争），你们依旧不敢打，可以理解，日本都赢了，你们再不行动那就是愚蠢，一个打不过，两个也打不过？那就纠集在一块儿和清王朝死磕！"于是，1900年（清光绪二十六年）5月28日，大英帝国、美利坚合众国、法兰西第三共和国、德意志帝国、俄罗斯帝国、日本帝国、奥匈帝国、意大利王国，八国掀起瓜分中国狂潮。

从某种意义上说，我们要感谢西方列强，他们让我们意识到，我们坚持的"生活态度"——封建闭关锁国是完全错误的，因为爱国，所以感谢。

说到了这里，很多人应该犯迷糊了："这和我个人赚钱有什么关系？这和国货、国妆又有什么关系？"

79年前，爷爷的爸爸说："没办法，我得挣钱！"完全正确。

59年前，爷爷说："没办法，我得挣钱！"完全正确。

39年前，爸爸说："没办法，我得挣钱！"完全正确。

如果今天，正值青春的你对我说："没办法，我得挣钱！"完全错误，而且这种错误的"生活态度"，会导致我们的后代生活极其艰难，甚至再次惨遭宰割。

我们一个个来区分对错。

79 年前，爷爷的爸爸说："没办法，我得挣钱！"完全正确。

79 年前，也就是日本发动全面侵华战争时，全民使命不言而喻，驱赶入侵者、恢复中华主权，那时我们没资格谈国货，没资格谈国妆，国都没有了，哪来的民族品牌？保住自己的祖国，除了拿起枪杆子，更为关键的就是维持最基本的经济运转、物资供给，不适合拿枪杆子的，那就拿起笔杆子、秤杆子，笔杆子里论"持久战"，秤杆子里论"小米加步枪"，至于国妆，"没办法，我得打仗，没办法，我得挣钱！"完全正确。

59 年前，爷爷说："没办法，我得挣钱！"完全正确。

59 年前，也就是中华人民共和国成立不到十年的时候，正值百废待兴，却也是干劲十足的年代，我们有资格谈论国货，而且都是引以为傲的国货，但当时的国情是必须先发展重工业，我们暂时还没有资格谈论国妆等轻工业产品，那是我们美好的梦。勤劳尚俭撑起全家老小，"没办法，我得挣钱！"完全正确，尤其紧接着的"大跃进"和三年困难时期更是雪上加霜，振兴国货国妆的事业只能搁浅，"没办法，我得挣钱！"

39 年前，爸爸说："没办法，我得挣钱！"完全正确。

39 年前，一个字：穷。穷到什么程度？70 后独家记忆，一条裤子，大哥穿完二哥穿，二哥穿完三妹穿。39 年前，也就是 1978 年，痛定思痛，没有哪一代领导不希望国家富强、前途光明，道路曲折在所难免，走过太多错误的路线，只为发现正确的一个，所以 1978 年我们告别过去——改革开放。我们必须富起来，才能有资格做好其他，这个时期，我们初具了谈论国货国妆的资格，但真正做起来还是存在相当大的困难。第一节我们提到过，我们一直以来在国妆尤其在品牌意识上还存在"先天性不足"；第二节提到：1980 年，国家计委和国家轻工业部下达开发中国第一套成套化妆品项目，结局也是不甚理想，只能说黎明即在眼前，先埋头苦干赚钱。"没办法，我得挣钱！"完全正确。

如果今天，正值青春的你对我说："没办法，我得挣钱！"那是完全错误的，而且这种错误的"生活态度"，会导致我们的后代生活极其艰难，甚至再次惨遭宰割。

这话一点儿也不夸张，先从两个方面说起。

第一个方面，我们已经富起来了，这个"富"，不仅仅指腰包里的人民币多，还有各类软、硬条件的富足。1982 年 8 月 23 日《中华人民共和国商标法》颁布，你的商标，有法律保护了；1984 年 3 月 12 日，经过 5 年多的孕育，《中华人民共和国专利法》颁布，并于 1985 年 4 月 1 日正式实施，你的专利，也有法律保护了；1980 年，国家计委和国家轻工业部下达开发中国第一套成套化妆品项目，随即广东、福建两省大大小小具备研发、生产能力的化妆品实验室、研究院、厂家如雨后春笋一般出现，你说没研发、生产能力，也有了各种生产体系的基础保障；20 世纪 90 年代末，全托管或全托管类直营模式便已经在中国盛行，你说管理太费精力甚至不懂管理，现在也有了这种无忧加盟模式。

从时间上不难发现，其实我们早在 20 世纪 80 年代末期，就已经具备了振兴国妆的资格，但是我们却误入了歧途，而且到目前我写这本书为止，越走越偏，越走越难，为什么会这样？原因就在于这句话："没办法，我得挣钱！"宁可仿造也不创造，宁可为国外品牌代工、打工也不自造，因为钱来得容易，当发现这种钱越来越难赚时，还能有什么理由再说出"没办法，我得挣钱"呢？

钱，当然越多越好，但钱属欲，当你沦为欲的工具时，只能是一具行尸走肉，当大家全部沦为钱的工具时，已不只是漠视时代赋予我们振兴国货、国妆使命的问题了，而是可能再次上演任人宰割的悲剧。

这也就是接下来我要谈到的第二个方面。

回到本节一开始，我们谈的是一个生活和生存的问题，美好生活不是一个目标，也不是一个结果，它是一种思想上可持续信仰的状态，接着又说到了清王朝沉沦的问题，两者之间看上去没有什么关系，甚至表面上和国货、国妆也没有什么关系。但三者之间，恰恰紧密相连。

过去的清王朝在"生活态度"上犯了严重的错误，在最需要变革、需要生存的关键时期选择了止步不前。对历史感兴趣的人，可能看到过或收藏过清朝老照片，照片上的民众，无论达官显贵还是平民百姓，都是一种双眼呆滞、麻木不仁的表情，这种生活状态，换作你，给也不要！止步不前，结果只能被历史拖着、拽着，被列强坚船利炮轰着、打着，以死亡的方式开始新生。

1949 年，我们赶走了列强，实现了绝大部分中国领土的解放，直至今日，国家越来越富强，我们的生活貌似真的美好了起来，衣食无忧，欢歌笑语。

其实不然！看一下你周围，吃的、穿的、住的、行的、玩的、睡的，还有几样是国货？

我们只有国土主权，没有国货主权，没有国妆主权，并非要排外，而是要自强。

这是一场看不见硝烟的战争，其实早已经开始了，刚提到清朝老照片上那种双眼呆滞、麻木不仁的表情，不正是我们现在的表情吗？这种生活状态，换作你，你要不要？

"没办法，我得挣钱"，挣钱已经不再是——起码从 2016 年起，不再是我们盲目追求的目标，因为我们已经不再贫穷！

转型，做一个匠人，精铸国妆，为了我们更美好的生活。

做一件事，这件事和钱没关系——国货兴亡，匹夫有责。

我们要做的这件事，就是做起一批新国货。有的朋友曾经疑惑不解，什么是新国货？它和老国货有什么区别？怎样界定新老国货之间的区别？

怎样给新国货下定义？

新国货应有的态度：国货主权，也是主权！先有有尊严的产品，才有有尊严的主权。

新国货应有的精神：重拾匠心，敢说不行！怀揣匠心，谦行笃进。

新国货应有的信念：能制造，就能质造！质量和服务一个都不能缺少。

第二章

「做好新国货：不能讲究，也不能将就」

新国货应有的态度：国货主权，也是主权

中华人民共和国成立是哪一年？

问这样的问题，只会被人怀疑成神经病，或者白痴。

1949 年 10 月 1 日，我们建立了自己完全独立自主的国家——中华人民共和国，实现了人民当家做主的目标，真正拥有了政治、经济、军事和外交等方面的独立主权。其实无论换作谁，打你一巴掌不许你哭只许你笑的日子，都是无法忍受的，还好，我们可以自由地哭了。

和"独立主权"相反的一个词叫"殖民地"，我们就从殖民地讲起。

殖民地，指由宗主国统治，没有政治、经济、军事和外交方面的独立权，完全受宗主国控制的地区。幸好，我们在历史上，还没沦落为完全的殖民地。沦为半殖民地是从清朝末年开始的，打一仗，赔点儿割点儿，打一仗，再赔点儿割点儿，清政府虽然腐败无能，也承认确实无法抗衡西方列强，但还是有底线的，也是有抵抗的，这点我们客观上，还是要对其肯定的，例如 1898 年的戊戌变法。

戊戌变法，又称百日维新、维新变法，是指 1898 年 6 月 11 日至 9 月 21 日，以康有为、梁启超为代表的维新派人士，通过光绪帝这张王牌，进行旨在学习西方，提倡科学文化，改革政治、教育制度，发展农、工、商业等的政治改良运动。

当然，结果只有一个，"儿子"要换个思路活，"老娘"不同意，于是慈禧皇太后下令对参与戊戌变法者格杀勿论，跑路的跑路，砍头的砍头，

把自己的"儿子"干脆软禁起来，戊戌变法就此结束。抛开思想启蒙不说，若说戊戌变法一点儿成功影响都没有，那是不可能的，唯一剩下的一个不起眼的果实，那就是京师大学堂，也就是如今北京大学的前身。

其实光绪皇帝、康有为、梁启超、谭嗣同等，他们心里都很清楚，戊戌变法很可能是失败的结局，只是内心确确实实不愿当亡国奴、不愿被殖民，明知死路一条，那为什么还要去做呢？很简单，用现在的话来讲：起码爱过、拼过，不再遗憾。

换一个角度，如果把清朝看作一个品牌，光绪帝、康有为、梁启超、谭嗣同、康广仁、林旭、杨深秀、杨锐、刘光第等戊戌变法的有志之士们，确实都是值得尊敬的"匠人"，尽管这个庞大的品牌已经死掉了，"匠人"意识、"匠人"精神一定程度上从统治层开始苏醒了。

国家品牌死掉一个，必定出来新的。创造一个崭新的国家品牌，没那么简单，但绝对值得前赴后继。通过国货——这种具体的形式来实现一个国家振兴、一个民族振兴、一个"品牌"振兴，真正去做的，那是在民国。

在中国历史上，民国永远是一颗充满传奇色彩的流星。

关于民国传奇，三天三夜都讲不完，所以不讲，喜欢的请去看国产电视剧。

个人认为，发生在民国时期的"国货运动"，才是最值得讲三天三夜的。

"大国耻，用人民的血来洗；小国耻，用五洲固本皂来洗。"

这是辛亥革命（1911年）后，一个做肥皂的商家，在其产品包装上打出的一句广告语，如今看这句简单的广告语，有太多的政治因素、历史背景在里面。假若我在产品上打出类似的一句广告语，往小了说，估计会被当作噱头遭到众人嗤之以鼻，往大了说，被当作民粹派或者"愤青""一根筋儿"也是极有可能。毕竟，我们现在走的是市场经济，市场竞争优胜劣汰，一切由市场拍板。噱头也好，投机也罢，抛开这一切，历史是没有真相的，起码我们可以看到这么一个道理：民国时期的商家，骨头是很硬的，敢说、敢做、敢当，国货不行，那就联合搞"国货运动"，现在的我们，除了运动会，还有几个运动可参加？太懒了。

这场"国货运动"发端于 20 世纪初，具体说是 1905 年，"国人因华侨问题，排斥美货"。紧接着 1908 年，"国人又因二辰丸问题，排斥日货"。辛亥革命后不久，上海出现了"中华国货维持会"和"劝用国货会"等提倡国货的团体，而到了 1915 年，因中日"二十一条"而抵制日货，"北京、上海、汉口、长沙、广州及其他大城市，皆甚激烈"，"国货运动"爆发前的酝酿达到顶峰。1919 年五四运动的抵制日货，"拒日货、日钞、日船、报拒登日本广告，抵制几成暴动"。五四运动，是这次"国货运动"暴雨倾盆而下前的第一声炸雷。

而这一切背后的根本原因，就是我一开始提到的殖民与主权之间的争斗。

前面提到过，清末列强掀起瓜分中国的狂潮，随后，凭借政治特权和经济优势，大肆对中国进行商品倾销，这种行为，使得中国民族工商业的发展面临严重危机。各界群众为反对帝国主义经济侵略，多次开展民间的抵制洋货、提倡国货运动，刚刚成立不久的"南京国民政府"顺应民意（动机不去揣测），于 1928 年 10 月开展了举国上下的"国货运动"并要求各地举办"国货运动周"，定期召开"国货运动大会"。在"南京国民政府"的推动下，全国各地国货界一致响应，"国货运动"曾一度颇具声势、颇见成效。

这就是当年民国政府制定的规章制度，如今读来，一个字：硬！

> 提倡国货卜要义：
> 一、提倡国货，是我国国民经济独立的基础。
> 二、提倡国货，是对外人经济侵略的武器。
> 三、用国产服饰，能表现爱国的精神。

四、用国产食品，塞利权外溢的漏卮。

五、用国货制品，为关税政策的辅助。

六、乘国有舟车，保国家水陆的主权。

七、本身使用国货，为国民绝对的义务。

八、劝人使用国货，为国民应尽的天职。

九、大家宣传使用国货，为全国国民公有的责任。

十、官厅学校使用国货，为全国国民提倡的先声。

人民十二要：

一、要誓雪国耻。

二、要崇尚道德。

三、要破除迷信。

四、要购制国货。

五、要勤修道路。

六、要多种树木。

七、要戒除烟酒嫖赌。

八、要厉行勤苦俭朴。

九、要锻炼健全身体。

十、要人人识字读书。

十一、要禁止女子缠足。

十二、要注意清洁卫生。

当时的人们对民国这个崭新的"品牌"是充满信任和期待的，这次"国货运动"也成就了一批民族品牌，只举一个例子——"百雀羚，始于1931年"。（也许百年后，也会有"第自然，始于2015年"，当然你我活不了那么久，没办法拭目以待，但做不好国妆"第自然"，我选择死不瞑目。）

讲到这儿，也许会有人质疑，我们现在已经主权独立了，已经站起来了，谈不上任何被殖民，你讲这些，难不成也想像小米一样搞一次"新国货运动"？

国货运动，无论新旧，不是某个人喊一嗓子就轰轰烈烈的，我不是造物主，我也不去妄想制造风暴，只是站在"新国货运动"这个即将到来的风暴云图前，给你一个善意的提醒：请准备接受大洗礼和大洗牌。

这里不是殖民地，不限于土地。

我们建立了自己的中华人民共和国，兴高采烈了几十年了，是时候确切地反思一下：我们到底有没有走出"殖民区"？正如大家所认为的，这里不是殖民地，领土上我们实现了独立，政治、经济、军事和外交方面我们也实现了独立，但还有什么没实现？我认为，穿插在政治、经济、军事和外交之间，最为基础的部分没有实现，这些部分，就是日常中我们最为熟悉的国货。最基础的都没有实现，哪来的上层建筑的实现？除了领土，我们不得不承认的是，很多部分我们还处在"被殖民"的状态下，这些和市场经济中我中有你你中有我、互通往来不是同一个概念，而是一个原则的问题。

单从国妆讲起。

用事实说话，又逢大数据时代，所以，我们看数据。

摘抄一段发布于第三方数据调研机构的大数据——2016 年中国化妆品市场现状分析。

> 国内化妆品市场一直是外资企业占据主导地位，以宝洁为首（市占率为 11.6%），销售额排名前十的化妆品企业全是外资（CR10 = 39.3%），排名靠前的上海家化和隆力奇也仅分别位列第 12 名和第 13 名。宝洁从 1993 年开始就在国内市场位列第一并且至今牢牢占据，市占率一度高达 20% 以上。
>
> 分品类来看，国内护肤和彩妆市场 Top10 品牌，基本来自欧美。所以，我们直接把 Top10 理解为国外品牌即可。其中，护肤品市场

Top10 品牌市场占有率为 32%，国产品牌仅百雀羚、自然堂、韩束、佰草集在列，合计市场占有率仅为 10.8%；彩妆市场国外品牌集中度更高，Top10 品牌市场占有率高达 50.2%，国产品牌中仅卡姿兰、韩束和玛丽黛佳在列，合计市场占有率为 10.1%。

我个人喜欢调侃国外品牌为"皇军"，国产某些品牌称为"伪军"，为什么如此称呼？没进入化妆品行业前，我一直以为什么卡姿兰、韩束、韩后、玛丽黛佳都是法国、韩国的品牌，呵呵，原来全是自己人，其实日本人很聪明，善于"伪军"战术，所以他们生产了一个品牌——只在中国市场销售但是名字却很有欧洲感觉的欧珀莱。

与国内相反，日本和韩国化妆品市场集中度很高，并且本土品牌占据主导地位。以韩国为例，韩国化妆品市场以其本土企业爱茉莉太平洋和 LG 生活馆两大集团为首，旗下涵盖护肤、彩妆、男士护理、香水、洗护、食品等品类，仅这两家企业就占据整个化妆品市场 45% 的份额，并且占据护肤和彩妆市场的份额分别高达 52.6% 和 51.5%。从品牌竞争格局来看，韩国护肤和彩妆市场 Top10 中本土品牌占比分别为 44.5% 和 54.6%，远远高于中国。

一开始我以为，国货品牌国内占有率低的原因是远征异国了，后来才知道这和小时候我到底上清华还是上北大的问题一样——自己确实想多了。

出于各种各样的目的、利益，每个人都会不同程度地去说谎，不会说谎的，只有数据，摘抄这一段数据时，心情是相当复杂的！不过每当直面数据时，自己的内心才会踏实，落后注定挨打，挨打不是关键，挨完打依然麻木不仁才可怕。

我们来换一个角度刺激一下自己麻木不仁的神经和尊严。

我们来看一下"主权"的定义：主权，是一个国家对其管辖区域所拥有的至高无上的、排他性的政治权力，简言之，为"自主自决"的最高权威，也是对内立法、司法、行政的权力来源，对外保持独立自主的一种力量和意志。主权的法律形式对内常规定于宪法或基本法中，对外则基于国际间的相互承认。因此它也是国家最基本的特征之一。国家主权的丧失往往意味着国家的解体或灭亡。

主权的定义并非只关涉领土这些看得见、摸得着的实物，更多的还有无形的"自主自决"，而这些无形的"自主自决"，依靠的就是细化到我们生活中的每一个具体领域。

国内护肤品市场，我们自己的"领土"，我们在自己的"领土"上仅仅占据 10.8% 的市场份额，国内彩妆市场，仅仅占据 10.1% 的市场份额，这说明什么？

一开始我也提到了，与"独立主权"相反的 个词，那就是"殖民地"。

在整个化妆品国度，我们没有任何国妆主权可言。

1842—1919 年，主要列强逼迫中国签订的不平等条约大约有 709 个。以下是比较重要的关涉割地的条约：

> 1842 年 8 月中英《南京条约》。
>
> 1858 年 5 月中俄《瑷珲条约》。
>
> 1860 年 11 月《中俄北京条约》。
>
> 1864 年 10 月据《中俄北京条约》条款签订《中俄勘分西北界约记》。
>
> 1881 年 2 月中俄《伊犁条约》。
>
> 1887 年 12 月《中葡和好通商条约》。
>
> 1895 年 4 月中日《马关条约》。
>
> 1898 年 3 月中德《胶澳租借条约》。
>
> 1898 年 3 月中俄《旅大租地条约》。

1898 年 7 月中英《订租威海卫专条》。

1902 年 4 月中俄《交收东三省条约》。

据粗略统计，从第一次鸦片战争到五四运动前的 80 年间，列强通过各种手段侵占中国领土约 173.9 万平方千米。

中国领土面积大家都是知道的，960 多万平方千米，列强侵占的领土面积约 173.9 万平方千米，也就是全部国土面积的 18% 还多。

一个很有意思的对比出来了，国妆目前市场占有率：10.1% + 10.8% = 20.9%。

国妆主权，我们目前的市场占有率 20.9%，恰恰和清王朝丧失的国土面积比例 18% 相接近，那么，我们是没资格再骂清王朝腐败无能的，起码他们灭亡后，还剩余了 82% 的主权交给了后代，当现在的我们拿着 20.9% 的国妆主权再面对后代时，只能无颜以对了。

你可能会反驳说，国妆主权和国土主权不是一个等级。

我只想说，主权，不分大小，这里不是殖民地——不限于土地！

100 多年前，西方列强通过输入鸦片，摧残了国人体魄，当然这不是我们失败的关键因素，但在一定程度上实现了重创，一百多年后的今天，希望我们不再有任何借口推诿给外界，这次真正输入"鸦片"的，是我们自己，始终存在的漠视和毫无责任感以及所谓的大国心态，正在将我们自己推向"被殖民"的深渊。

当然，这些都是些"危言耸听"的大话，举一个最贴近每个人实际利益的例子。有时，你听到或抱怨房价太高买不起；有时，你听到或抱怨各种区域间的不平等；有时听到或抱怨工资太低。也许你累到没有时间去思考为什么，也许你的知识水平无法使你认知到其中缘由，种种原因使得我们当中的绝大多数国人，还在仅靠中国人的勤劳和朴实"埋头苦干"着。

"我了解 LV 的生产成本……你到江浙、长三角地区这些中国制造业基地车间去看，你会感到很绝望。因为这边是国内某品牌的产品，那边就是一些奢侈品品牌，用的都是一样的面料、一样的棉、一样的车间、一样的工人。"

我们在相当长的一段时间内，处于世界产品链的底端，这是毋庸置疑的国情，而后我们承认自己的地位并实事求是地去做，这是我们的智慧，并且取得很大的成功。

那么现在呢？我们有资格夺回国货、国妆主权了，却对"被殖民、被奴役"上了瘾，这个"鸦片"瘾，必须戒掉。

中华人民共和国，这个庞大的"品牌"，希望每一位国人，针对目前的"品牌"处境，都敢大胆地说："不行！不行！还是不行！"

新国货应有的精神：重拾匠心，敢说不行

下面这篇是出自《庄子·达生》的短文。

"梓庆削木为镶，镶成，见者惊犹鬼神。鲁侯见而问焉，曰：'子何术以为焉？'"

对曰：'臣，工人，何术之有？虽然，有一焉。臣将为镶，未尝敢以耗气也，必齐以静心。齐三日，而不敢怀庆赏爵禄；齐五日，不敢怀非誉巧拙；齐七日，辄然忘吾有四肢形体也。当是时也，无公朝，其巧专而外滑消。然后入山林，观天性。形躯至矣，然后成见镶，然后加手焉，不然则已。则以天合天，器之所以疑神者，其是与！'"

大概的意思如下：

有个叫梓庆的人，能削刻木头做镶（jù）。镶是什么呢？是古代的一种乐器，夹置钟旁，雕刻为猛兽形，是用木头制作的，所以估计很难有保存下来的。梓庆的镶做成以后，看见的人无不惊叹，用现在的话讲就是：我和我的小伙伴们都惊呆了，估计只有火星人才能做出来。鲁侯见到便问他："你用什么办法做成的呢？"

梓庆一看大领导也来问了，只能硬着头皮讲"大招"了："我只是个做工的人，没有什么特别高明的技术！虽说如此，我还是有一种本事的。我准备做镶时，从不敢随便耗费精、气、神，必定先通过斋戒来静养我的心。"

这个"斋戒"是什么意思呢？斋和戒是两种行为，"斋"来源于"齐"，主要是"整齐"，如沐浴更衣、不饮酒、不吃荤腥。"戒"主要是指戒游、乐，比如不与妻妾同寝等。

"斋戒三天的时候，我的大脑里不再有庆贺、赏赐、获取爵位和俸禄的思想；斋戒五天的时候，不再心存非议、夸誉、技巧或笨拙的杂念；斋戒七天的时候，我已不为外物内欲所动，仿佛忘掉了自己的四肢和形体。正当这个时候，我的眼里已不存在国家和朝廷，智巧专一，然后外界的扰乱全都消失。（我是谁？）然后我便进入山林，观察各种木料的质地，选择好树木（外在形态最与𬬻相合的），这时脑中已形成的𬬻的形象，便呈现在了我的眼前；最后动手加工制作，制作过程中如果没有达到这种状态，我就停止不做。这就是用我木工的纯真本性，融合木料的自然天性制成的器物疑为神鬼之作的根本原因！"

"梓庆造𬬻"的故事距今已经有 2300 多年，可以说是中国历史上关于"匠人精神"最早的记载。毋庸置疑，没有这种"匠人精神"的存在，就没有华夏五千年来各类巧夺天工的经典之作。

梓庆的一句"不然则已"道出了匠心精髓，那就是，"不行、不行、还是不行！"

我们往往认知到的只是看得见、摸得着的事件表象，比如叙利亚战乱，比如哪个地方又动乱了，哪个地方又政变了，而另外一些"变革"，比如通过成千上万科学家、"匠人们"的变革，却在无声无息间进行着，就像一颗在寂静的浩瀚宇宙中爆炸的矮星，人类也是像中彩票一样获取这种极具"爆炸性"的品牌变革所带来的巨大成果的。

匠人，我更喜欢称之为上帝造物的扮演者，可成为一名出色的造物扮演者，谈何容易。

我国数千年历史中，出现过鲁班这样的大师级工匠，也有建造出故宫这样世界奇观的工匠，这说明中华民族的基因里的确有"工匠精神"，也必将得以延续和传承，我们要做的是把自己的"匠心"重新唤醒，无"匠心"，无强国货，无强品牌。

我们借"梓庆造鐻"的经验，先从自己祖先身上寻求匠心秘籍。

第一步，"齐三日，而不敢怀庆赏爵禄"。

斋戒三天的时候，"我"的大脑里不再有庆贺、赏赐、获取爵位和俸禄的思想。绝大多数人往往就倒在了这第一步上。

庆贺、赏赐、获取爵位和俸禄，其实是一个价值实现的博弈过程，即我做出来了这些对社会有价值的物件，社会将会怎样对我进行奖励？会不会给我举行盛大的发布会来满足我成功的喜悦？会不会在北京三里屯免费给我一套大房子？会不会因为我的功劳给我个中科院荣誉院士的头衔，又或者县处级干部的职位？会不会每月发给我几万元的"油水"，从此让我安逸地享受阳光、沙滩？

这些考虑当然都是相当切合实际的，其实就是一个我为什么要做、凭什么要做的问题。关于这一点，面对着无数"长眠地下"的匠人，我只想说，我们都是平凡之人，做了不凡之事才会变得不平凡、变得值得尊敬，不需要想太多民族使命，不需要想太多"我不入地狱谁入地狱"的革命者精神，既然谈到外在的认可刺激，关于"我为什么要做，凭什么要做"这两个问题，那就直截了当地面对，我就是为了庆贺、赏赐、获取爵位和俸禄去做！让我做就是凭靠这些物质的回报和认可，让我做的目的就是活命，命都饿没了，我拿什么去讲去做？

做，总比一直不行动要强，第一步，不是博弈要不要做个"高大上"的人，不是博弈会不会有人觉得我动机不纯，而是要明确自己此行的目的，我用"长眠地下"来形容在第一步倒下的"匠人们"，就是因为他们内心一直在苦苦挣扎，一会儿觉得自己就是为了在社会价值上得到物质认可，一会儿又觉得自己确实不图任何物质回报，只是为了把要做的物件做得更好；一会儿图实际利益，一会儿又深明大义，整日考虑这些了，哪里还能"静心"做物件？

"真小人"永远强过"伪君子"，况且我们也不是小人啊。

第二步，"齐五日，不敢怀非誉巧拙"。

第五天的时候，"我"不再心存非议、夸誉、技巧或笨拙的杂念。

非议、夸誉是流言，流言确实比较可怕，好的坏的一股脑儿涌向了你，就像"表情包"傅园慧一样，原本只是一名奥运健儿（已经很了不起了），突然间成为了一名"网红"，无形的压力总能将一个原本出色的人击垮，当然傅园慧就做到了"不怀非誉"，一举获得自己最好的成绩，她在面对"金牌问题"时就显示出了一股"匠心"之风，面对央视记者对"金牌问题"的提问，可爱的"表情包"淡然地说："别人的议论影响不到我，反而是别人的议论只证明我影响到了对方！金牌，没去想过，我只专注更高、更快和更强！"

技巧、笨拙则是自信心的问题，这也是"匠人"面对自己到底行不行时要考虑的问题，自己的技能（能力）行不行？自己会不会太笨了？会不会做到一半发现自己压根儿就不行？又或者，自己是不是螳臂当车？这些躲藏在大脑中的隐形杀手，时刻准备抹杀掉自信，助长自卑情绪。过度自信和过度自卑，是我们每个人都会遇到的问题，归根结底，还是双眼只盯着"成功"两个字。不谈成功，哪来的盲目自信和盲目自卑？坦然接受自己，便可以坦然去做要做的事。我们总是不能理解，为何项羽百战百胜，只因一战失败，自刎乌江，全盘皆输；为何刘邦百战百败，只因一战胜利，终定江山。两个人都想要成功，但有一点很不同，每当刘邦失败时，想到的第一点便是逃命，项羽一次失败想到的便是自刎，不要命了。心态上，刘邦赢了项羽，失败又怎样，再来十次又何妨，刘邦心中是坦然的。

杂念尽，方笃行。

第三步，"齐七日，辄然忘吾有四肢形体也。当是时也，无公朝，其巧专而外滑消。"

斋戒七天的时候，"我"已不为外物内欲所动，仿佛忘掉了自己的四肢和形体。正当这个时候，"我"的眼里已不存在国家和朝廷，智巧专一，然后外界的扰乱全都消失。

忘掉自己是谁，消除外界的干扰，消除内心的干扰，不为外物内欲所动，这个时候才具备了开始造物的前期条件。忘我实则是与大自然融为了一体，自然智慧的使用游刃有余，当然，这绝非一味地鼓吹唯心论，绝非修仙炼丹，绝非"阿Q精神"，正如梓庆所讲，观察各种木料的质地（观察），选择好树木（外在形态最与镱相合的，分析），这时脑中已形成的镱的形象，便呈现在了我的眼前（方案）；然后动手加工制作（执行），制作过程中如果没有达到这种状态，我就停止不做（理念与执行的调整）。

第三步中，最具备挑战的，便是"不然则已"，否定、批判别人，我们都是行家，但是否定自己却相当困难！这是通往匠心之道中半路杀出的程咬金，真正的"匠人"，他的一生就是自我批判、自我否定的一生，他从不满足于现阶段的水平，不断地深究、探索。当这位"匠人"要"退休"时，你问他，他的成果怎样？他会滔滔不绝，说的绝不是自己的丰功伟绩，而是存在的问题、改进的方向、以后要达到的目标。

"匠人"，就是在耗用毕生，对自己讲"不然则已"。

我们再一起来看，日本民众中随处可见的"匠"，以及他们怎样用一生诠释"不然则已"。

"我要做出全日本最好吃的面""我要画出全日本最好的漫画"……无论是儿时看的动画片还是长大后看的各种日剧，我总能听到类似的台词，这些台词传达的其实就是日本"匠心"精神。可惜在中国，你听到小孩子说得最多的可能是"我要考上最好的大学""我要上北大或清华"，同龄人中也不过是"我要买三环的那套50平方米的房子"，越是民生上常见的对话交流，越能展示出整个国家目前的状况，同样面对生存，我们不得不向日本致敬，起码在中国，还没有一部更新几百集但依旧持续火爆的动画片诞生，这些近乎完美的各类经典小作，铸造起强大的日本。

"匠人精神"在日本普及到什么程度？可以从日本人对日常生活小事的态度看出来，他们在生活的细枝末节上"匠"到了极致。就拿我们最为常见的生活用品来说，同样是苍蝇拍，日本人制作的苍蝇拍不仅可以用来拍苍蝇，你还会发现苍蝇拍上有装死苍蝇的小盒子。别小看这么一个小盒子，我们都知道，拍苍蝇讲究的是速度、技巧和工具的轻便，装这么一个小盒子意味着一定会影响工具的轻便，但是日本人将影响降到很低。我们中国人能造出来这种既轻便又实用的苍蝇拍吗？答案是能，但是没有人去做，投入高而且对销售也没有太多好处，所以不做，而日本人会做，而且会当成一件大事来仔细对待，他们考虑的不只是便携性，还有社会责任感——越是死苍蝇，往往越容易成为病菌、病毒的发源地。充满好奇心的小孩子，抓不到飞着的苍蝇，肯定对一动不动的死苍蝇充满好奇，难免拿起来研究半天，此时对于病菌和病毒那就是主动接触，日本的"匠"绝对不会允许这种事情发生。带着苍蝇盒的苍蝇拍，究竟消耗多少经费我们不得而知，我们只能承认，这就是"匠心"的杰作。

再比如，日本人还为指甲刀做了一个套，以免剪指甲的时候指甲屑乱丢，在中国是没有这种装置的，剪到哪儿丢到哪儿是再平常不过的；很多人都有抽烟的习惯，暂且不论抽烟的好坏和法律规定的差别，在日本，是规定户外定点吸烟的，马路上你是找不到烟蒂的。可能有人感觉到奇怪，我就不信他们能那么服服帖帖地跑到指定地点吸烟。关于这一点，日本人也研究过，有机会去日本的话，你会发现每当遇到抽烟者时，他们都有一个小物件，大拇指大小，能够旋转或直接扣盖上，这个小物件就是专门用来装烟蒂甚至烟灰的，抽完装里面，遇到烟蒂收集点便倒进去。还有的是精美的小袋子加上一个搭扣，可以随身携带，干净、方便，装满了再到指定地点投放。

这样的例子举不胜举，当"不然则已"成为了民众的普遍意识，国货何愁不强？品牌何愁不强？国家何愁不强？

"匠人"不是通过速成班就能够造就出来的，"匠心"也不是用来炒作的一个名词，"匠"精神没有什么神秘可言，没有什么高深莫测之处。

"匠"精神，是专心致志，志求极致。

物品是用来干什么的？肯定是用来改善我们的生活，提高我们的生活质量。物品不行，何来高质量生活水准？提高生活质量，就得从每一件日常小物做起，若想达到生活的精致和舒适，小物件必须精致，必须把造物的每个关键点做细、做到位。就像我们的祖先梓庆一样，做个镶，先用七天的斋戒使身心达到最佳状态，没有状态就没有有态度的小物件诞生，清除杂念后，梓庆才肯再走进山林选择木料。选料时已经在脑海中勾画出镶的模样，认真寻找到匹配的木料才动手取之，不然，宁肯不做。一旦进行雕刻，则聚气凝神，全身心地投入。

"匠"精神，是荣辱不惊，无欲则刚。

我们都期盼立竿见影，我们都期盼一元钱投入立刻得到十元钱的回报，我们都期盼一夜成名，所以我们几乎丧失掉了"匠"精神，因为没有它，所以我们一直在折腾、一直在追逐、一直在失去、一直在恶性循环，"匠"精神不是化学公式推导的那般迅速，是基于化学公式原理的一个从量变积累逐渐达到质变的过程，梓庆的做法体现出中国古代"匠人"的至高境界。"齐三日，不敢怀庆赏爵禄；齐五日，不敢怀非誉巧拙。"梓庆在做镶之前，把功劳、地位、金钱、非议、毁誉统统放下，只专心于工作的本分，达到了荣辱不惊、无欲则刚的境界。

"匠"精神，是敬畏自然，追求自然而然、天人合一的境界。

"术到极致，几近于道。"梓庆作为一名杰出的匠人，在选材前全然地净化自己，带着对树木和自然生命的极大尊重去选材。"齐七日，辄然忘吾有四肢形体也。"在制作镶时令自己达到忘记自我、与自然融为一体的境界，灌注"匠人"的生命之魂去制作产品，造就出来的作品是与大自然融为一体的，所以他做的镶发出的丝丝声乐，便是大自然的风声雨声。

前文提到，一谈到"匠人精神"，起码当今社会，想到的绝对不会是中国，为什么？强大的国货品牌是"匠"的结果，我们国货不行，那肯定丢失了"匠"，不过从古至今，中国从不缺少"匠"精神。

中国曾经是世界上最大的原创之国、"匠品"出口国、"匠人"之国！

不谦虚地讲，中国"匠人"造就了一部"匠品"史，从公元前3世纪至公元18世纪，在两千多年的农耕经济时代，中国一直是全世界最大的"匠品"输出国，中国的丝绸、瓷器、茶叶、漆器、金银器、壁纸等精美的"匠品"，是世界各国王公贵族和富裕阶层的"宠儿"。从马王堆汉墓出土的丝绸距今已经有2200余年，其薄如蝉翼，2.6平方米，仅重49克！

中国有两千多年的"匠人精神"传承史，由于历史原因，在近代，中国的"匠人精神"没有全面地传承。近年来，经济高速发展也使商业伦理问题凸显，部分企业为了获取短期利益缺乏商业道德，假冒伪劣、粗制滥造现象一直在发生，在规模化的工业制造冲击下，中国的传统文化与手艺传承更加艰难。

这一点不难理解，关于利润和成本，我们一直未走出这个误区，好比梓庆浩镰，仅浩之前就耗用了七天的时间，磨磨叽叽没有效率可言，况且更要命的一点——"不然则已"，产生大量的消耗，似乎所有的"匠"行为，都和现代企业精神背道而驰。

真的是这样吗？

不是。

能制造，就能质造，更能创造。

新国货应有的信念：能制造，就能"质造"

"中国制造"，一个曾令我们骄傲的名词。

感谢世界给中国颁发这个"Made in China"（中国制造）荣誉称号，这个称号得到全世界认可，我们仿佛听见发达国家一致的致谢：谢谢中国提供的能够没日没夜干活儿、廉价又任劳任怨的数亿劳动力。也希望中国永远处在"发展中"、永远廉价，不然，我们就没时间端酒杯了。

以"中国制造"开始本章节，未免火药味太浓烈，话题太严肃。

我们还是谈一谈轻松的话题，比如，被流弹不小心击中的中国驻南斯拉夫大使馆、在中国领空不小心被撞落的飞机、在南海家门口看友邦举行的军事实弹演练……

提到"中国制造"，抱歉，没办法不严肃。

能制造，就能"质造"，更能创造，这绝非一句口号。是的，我们确实和发达国家存在一定的差距，怎么追赶，需要的就是"能制造，就能质造，更能创造"这种自信。

先来看一下我国目前的制造能力，以化妆品行业——这个起步很晚的轻工业的行业数据来判定我们的制造能力到底行不行。

截至 2016 年 10 月，在国家食品药品监督管理总局官方网站可查询到的国内化妆品生产制造企业为 3880 家，加上多资联营的化妆品生产企业，总数量已超过 5000 家，已许可或备案的化妆品产品品种达 275127 个，这些化妆品生产企业集中分布在广东、浙江、江苏区域，仅在广东一个省份注册的化妆品生产企业就达到了 1845 家（改革开放因素所致，不作详解）。

5000 多家，这是一个怎样的概念？

这样解释你就明白了，"人是铁饭是刚，一顿不吃饿得慌"，饭食，是我们每天都需面对的，我国近 14 亿人口，每天面对一日三餐，桌上汇集形形色色的美味食品，想必能够让食物色泽、口感变得更好的食品企业，应该很多很多。但是，你清楚国内有食品添加剂生产许可证的企业有多少家吗？不过 1636 家，1636 家企业就几乎满足了近 14 亿人对食材感官品质的需求。不言而喻，化妆品生产企业的数量确实多得惊人。数量多虽然不能证明制造能力就强，但仅从数量上来看能够确保中国化妆品制造能力的提升。

5000 多家也不是个小数目，那是不是成立一家化妆品生产企业特别容易？随随便便就能挂牌开工？其实不然。在国家政策法规上，化妆品企业相对于其他企业，想开工绝非易事！政策法规在其开张营业、产品年检上，绝对是设下了"紧箍咒"。

不看不知道，一看吓一跳，让我们一起仔细打量一下这多道"紧箍咒"。

要注册成立一家公司，必须得到法律的许可才行，这点无须多言，和其他的普通公司一样，工商营业执照、组织机构代码证和税务登记证一样都不能少，当然现在已经三证合一，这个难度不大。

成立化妆品公司，只能说明国家承认了你这个法人，有牌有照了就能开工生产化妆品了吗？并不是这样的，想正式生产必须跑一跑当地的食品药品监督管理局。不要以为它只管食品、药品的生产，化妆品的卫生问题也归它管，得从它那里拿到卫生许可证才能开始正式生产。根据《化妆品卫生监督条例》《化妆品生产企业卫生规范》等法规的规定，化妆品企业必须拥有化妆品生产许可证才能合法生产，不然就跟臭名昭著的"黑作坊"没有什么区别。

需要化妆品生产许可证？那就去领一个，然而这个证并不是那么好领到，这些"紧箍咒"是必备的：

第一类，各种平面图，包括生产场所（车间）布局、生产企业厂区、生产用房使用面积平面图、周围环境平面图。这些图纸，必须清晰传达存配料间、制作间、灌装间、包装间等各个功能区域划分是否合理，会不会产生因设计不合理导致污染的情况。同时，图中还需要标注清楚门、窗、消毒设施、通风设施等，少一个标注回去重做！重点说一下这个"周围环境平面图"，除了内部构造之外，还要把厂房周围 30 米范围内的环境情况都画进去，以确保厂房周围没有污染源，这也意味着化妆品生产区域与有害污染源的距离不得少于 30 米。30 米是什么概念？如果周围确实有污染源，必须得在自己租好的厂区周围再扩租至少 30 米，以确保与污染源的物理距离在安全范围以内。

第二类，生产工艺及流程图。知道化妆品厂址只是第一点，和普通企业不同的是，相关单位还要了解化妆品都是怎么生产出来的，厂商必须乖乖奉上一张生产工艺流程图。这张图要包含化妆品生产中的工艺简述和工艺流程简图，要求简明扼要、过程完整。别以为是一张简简单单的图，生产环节里的每一道工艺的操作流程，每道工艺的时间、温度等生产条件信息都需要包含在内，就连成品和半成品的检验也要算进去，为什么会有如此"亲力亲为"甚至不可理喻的要求？这是国家确保化妆品制造水平和能力念的又一道"紧箍咒"。政府要求的"简明扼要"指的是在表述中不说废话，但是关键环节一个都不能"简略"掉。你若简略掉，那么政府也可以"简略"掉你的企业——关门！

第三类，卫生行政部门认定的由检验机构出具的《生产环境检测报告》，这个就是找相关部门认可的第三方检测机构过来实地检测一下，出具相关的检测报告，认定厂房的环境适合化妆品的生产。检测中包含空气监控等各个方面，毕竟是生产出来要用在人身上的，连空气中的渣儿都不能放过。可能很多人会认为，第三方嘛，好办，都懂的，其实不然！不作解释。

第四类，主要生产及检验设备清单，这里要看清楚的是生产和检验设备的清单，类似于有多少个反应釜，多少条生产线、灌装线等信息，都需要一条一条列清楚，同时，各种设备的规格都需要详细地列出来，目的只有一个，能造一样，绝不允许你对外宣传能造两样。

第五类，生产人员健康检查、卫生知识培训合格证明，这一点和食品加工人员的卫生证明有点相似，化妆品从业人员的健康状况也不允许马虎。这里需要提供的文件是用来证明所有的具体操作人员都是健康的，并且接受过相关的培训，不会在生产过程中因为人为的操作原因污染化妆品。当然，这个检查健康与否的检测也需要员工到指定的单位去做，而且检验报告中需要注明每个人的年龄、性别、工种、培训时间等。可以说，在化妆品的生产环节中对人员的健康把控还是相当严格的。

第六类，卫生质量控制体系相关材料（包括卫生管理组织、管理制度等），这一份材料则是关于化妆品生产车间、仓库等地方的卫生管理制度，相关部门需要弄清化妆品生产企业的日常管理规范制度，以此来保证生产过程的安全与卫生。类似于多长时间进行消毒、多长时间做一次卫生检查，产品的抽样、留样、库存管理等管理性文件都会涵盖在内，相关部门也是操心到了实处。

第七类，卫生行政部门依法要求提供的其他有关材料。这里就不多说了，要什么就给什么，不给就别想开张。

以上七大类“紧箍咒”，仅仅是化妆品生产许可的申报工作而已，后期还有各种审批核查工作，整个流程法定的办结期限是 90 个工作日，也就是说，仅化妆品生产许可证一项就可以办上 3 个月那么久，实际中，少则半年，不达标呢？多则无上限。

证办完就完事了？错！这个化妆品生产许可证也是有期限的，而这个期限，只有 4 年！到期，程序重新来一遍。同时，每两年，厂商都需要到相关部门复核一次，重新检查环境、人员。满 4 年之后还要按照相关流程换发生产许可证。

以上提到的只是大家日用的各种普通的水、乳、霜。

走完基础的第一步，已经有很多想做化妆品的企业被"紧箍咒""逼死"了，即便如此，也还只能生产普通化妆品而已。

特殊品类化妆品还有一道坎儿，比如淡斑类的，想生产，接着听"紧箍咒"！

中国化妆品分为普通化妆品和特殊化妆品两类，若是生产特殊用途化妆品（育发、染发、烫发、脱毛、美乳、健美、除臭、祛斑、防晒）的厂商，生产企业除了要具备所有证照之外，还需要经过国家卫生管理部门批准，持有特殊用途化妆品批准文号和特殊用途化妆品证书方可生产。

这意味着，又有一段相当长的流程要走了……等到一切都通过之后还要进一步上报复核，最终等上级单位审核通过之后才能把这个特殊用途化妆品的批文申请下来，整个流程走完一般要 6 个月的时间，而像有育发、健美、美乳功效的特殊化妆品，取得批文的周期更长，达到 9~10 个月。

即便在如此苛刻的条件下，中国依然发展出 5000 多家化妆品企业，我之所以用如此长的篇幅来细细讲一个化妆品企业如何诞生，目的只有一个，那便是告诉大家我们具备绝对优势和足够强的制造能力，能制造，就能质造，反观国货差，问题不是制造能力和基础设施不行，而是习惯了接一接国外订单"埋头造"，同样的车间、同样的工人，给国外品牌代工，出来的是优质品，给自己做，出来的却是一堆垃圾！而且全都廉价卖给了我们自己，老百姓能不烦？老百姓能不选购舶来品？

传统产业需要供给侧改革，化妆品轻工业也需要供给侧改革，不要讲我们有多少家化妆品企业，数量再多，设备再先进，没用，不要讲这些企业为国外品牌输出多好多好的高质量产品，国货不行，也是没用。

扭转这种危险的态势，需要全民参与。仅靠政府相关政策制度，我们不能完全锻造成为出色的制造者。要成为出色的创造者，必须靠自己，靠每一位企业家，靠每一位不愿永远做发达国家制造工具的有志者，靠每一位不愿接受国货、国妆羸弱不堪的有志者。

政府主导，打响供给侧改革。

改革开放 30 多年来，中国经济持续高速增长，成功步入中等收入国家行列，已成为名副其实的经济大国。但受到人口红利衰减、"中等收入陷阱"风险累积、国际经济格局深刻调整等一系列内因与外因的作用，经济发展正进入"新常态"。

2015 年以来，我国经济进入了一个新阶段，主要经济指标之间的联动性出现背离，经济增长持续下行与 CPI（居民消费价格指数）持续低位运行，居民收入有所增加而企业利润率下降，消费上升而投资下降，等等。对照经典经济学理论，当前我国出现的这种情况既不是传统意义上的滞胀，也非标准形态的通缩。与此同时，宏观调控层面货币政策持续加大力度而效果不彰，投资拉动上急而下徐，旧经济疲态显露而以"互联网＋"为依托的新经济生机勃勃，东北经济危机加重而一些原来缺乏优势的西部省区异军突起……可谓是"几家欢乐几家愁"。简言之，中国经济的结构性分化正趋于明显。为适应这种变化，在正视传统的需求管理还有一定优化提升空间的同时，迫切需要改善供给侧环境、优化供给侧机制，通过改革制度供给，大力激发微观经济主体活力，增强我国经济长期稳定发展的新动力。

供给侧结构性改革，就是用增量改革促存量调整，在增加投资过程中优化投资结构，产业结构开源疏流，在经济可持续高速增长的基础上实现经济可持续发展与人民生活水平不断提高；就是优化产权结构，国进民进，政府宏观调控与民间活力相互促进；就是优化投融资结构，促进资源整合，实现资源优化配置与优化再生；就是优化产业结构、提高产业质量，优化产品结构、提升产品质量；就是优化分配结构，实现公平分配，使消费成为生产力；就是优化流通结构，节省交易成本，提高有效经济总量；就是优化消费结构，实现消费品不断升级，不断提高人民生活品质，实现创新—协调—绿色—开放—共享的发展。

2016年1月26日中央财经领导小组第十二次会议，习近平总书记强调，供给侧结构性改革的根本目的是提高社会生产力水平，落实好以人民为中心的发展思想。

以上内容摘抄自官方媒体，一些经济学原理大家可能听不太懂，核心思想只有一个，那就是从制造到质造，既然能够为国外品牌代生产出优质产品，同样可以为我们自己的品牌实现优质输出。

实现国货品牌的优质提升，需要的就是标准倒逼。

这标准从何而来？从目前的市场来看，我们又犯了"老毛病"，还是想着抄！

抄袭国外标准，只会导致一个结果，那就是产品同质化严重。无论是国际品牌还是国内品牌，在产品线设置、产品形态、产品功能、产品成分、使用效果上没有太大的差异。在产品形态上无非是水剂、粉剂、膏霜、乳液、凝胶这几类，在包装形态上也非常类似，多为传统的瓶装；在产品功能方面，主要是保湿、滋润、美白、防晒、抗衰老等，在功能方面，市场出现了"千牌一面"的景观。这些，还不是最为严重的，最严重的莫过于连品牌都模仿！

标准倒逼企业，从而实现质造，关于标准，别人觉得耗费精力、资金，没关系，做别人不敢做的事是我的爱好，标准我来出。

国货质造再到创造，需要的便是"梓庆造镰"的匠人精神。这个转变，即便有一天有人抄了我的标准，但绝对抄不了我的魂。

我不是一位"匠人"，我只是一位沉醉于中国千年"匠魂"，并在其指引下游走国妆领域的"苦行乐活僧"。

第三章

「做自己，没有什么不好」

思禅思：新国货第自然的品牌构想

本不该带着情绪，在还没讲述第自然前诉苦的。

这种情绪，完全因为被抄怕了。

和法国一位朋友一起合资做过一个品牌——法国兰蔓，在出第三季产品"莫奈的色彩"时，猛然间发现自己已经被抄得体无完肤，无论品牌情调还是包装设计，从头到脚但凡能照搬过来的都被"器官移植"了。一个很无奈的事实便是，我的得力设计师邵老直接被气进了医院。一开始总觉得无所谓，抄，起码证明我们值得被抄，直到完全爆发。那是因为一部公益微电影，大家可能或多或少了解过这部作品，名字叫《我的微商女友》，国内首部倡导绿色微商、弘扬正能量的公益作品。记得当时，我的文案君小河拿着自己三天三夜没睡觉写出来的剧本找我，还没来得及讨论剧本细节便被一个电话打断了，一个律师朋友打过来的："有人已经准备开拍《我的微商女友》，找了不少明星。"

怎么办？收工认倒霉？拍！拼速度，拼剧情，拼影片公益宣导意义，那段凌晨3时啃着凉馒头切换镜头的时光至今仍记忆犹新，我们实现了三个奇迹：第一个，三个星期连轴转，硬是在抄袭者第一个镜头还没出来时，我们已经顺利杀青，可以想象对方目瞪口呆的样子；第二个，上映两周荣登土豆等一线影视网站头版、四周点击量3400万人次；第三个，上天自有公道，2016年6月，我们接到了由共青团中央、中央电视台联合举办的全国"向上·向善"微电影大赛前90名入围的通知，从2000多部作品里侥幸入选，回首那段没日没夜的付出，值了。

发自内心、真诚地谢谢喜欢抄我"作业"的每一位。为什么不抄别人的？因为大家相信我的"答案"是正确的，这份"信任"让我看到了希望，虽然我无法像深山老林里的"神仙"一样尽知天下，但可以明确两点：第一点，由一开始的中国人集体抄国外转变为中国人陆续地内部互抄，这是一个好的现象，大家起码开始相信我们自己人的作品值得抄了；第二点，抄，虽然是种恶习，但深究抄的动机，是抄者内心恐惧："作业"确实不会啊，总要"交作业"的（总要盈利的），不会做难不成交空白卷（难不成活活饿死）？

所以说，从下定决心做国妆第自然时，便已经做好了主动"传小纸条"的准备，希望看到，把我抄下去，只要你做的国货比我好，做的国妆比我强，我的付出就值了。

不知道正在阅读的你，是否还在等着我尽快结束诉苦，回归主题第自然？比如品牌为什么叫第自然？第自然那么多禅品种类是不是得准备至少一年？第自然禅养到底是怎样禅养？第自然内调外养究竟怎么个内调、怎么个外养？第自然整体的禅品外包装为什么是圆的？第自然加盟模式是怎样的？第自然首轮融资一亿元能够顺利地达成吗？第自然准备起用哪一位明星代言？……

不用再等，我从敲下本章节第一行字时，就已经开始在认真讲述第自然了。

思禅思，让一切自然而然地发生；思禅思，让一切本相顺其自然地演绎。

故弄玄虚，绕来绕去始终抵达不了目的地——大家的这种类似的经历和感受，和一开始我在立项第自然时一模一样。

一脸困惑，答案到底在哪里？焦躁不安甚至失去兴趣和信心。

看山不是山，看水不是水，项目初立第一个月，团队人均体重下降2.3千克，空间设计师当中的小坤和品牌部的小猛，一女一男，之前的体形"略横向"，大家都懂的，印象很深刻，当时调侃地说：这个月最开心的不是拿到薪水，是一直减不下的体重终于下降了。

"国"字开头，适合我们中国人自己的国妆，究竟怎样最中国？关于这个问题，我想不止我们这个团队，应该有千千万万个中国人曾经思考过或正在思考，应该有千千万万个中国人曾经想出过满意答案并在坚持做，有的已经独树一帜，有的可能石沉大海，所以当我面对这个问题时，没有感到孤独无助，也没有想过非要独特鲜明。

该来的总会自然而然地到来。

想通了这一点，我发现自己包括团队，大家都有了一种心照不宣的自信，果不其然，一件不起眼的小事，让我们逼近了"最中国"、逼近了答案，那天晚上八九时的样子，大伙儿都聚在我的办公室内，不是开会，也不是讨论什么重大事情，而是平时养成的习惯，累了就都坎儿来我这里，有茶有烟，有酒有食，当然，还有舒适的软沙发，一天的辛劳使大家都略显疲惫，闲聊中，记不清谁说了一句："静下来，真好。"

好吧，一个引发共鸣、讨论到凌晨3时的话题——静，就此展开。

第二天醒来时，我们的"第自然"，这三个字便出现了，不要问为什么我们的品牌叫"第自然"，当你静下心来，那种由心底散发出的一种灵动、一种对美好的向往和追寻，便是第自然。

"静下来，真好"，我从"静"这个字，来给大家解释第自然。

静，从青从争。

我们的祖先仓颉圣人在造字时，将"青"和"争"两个字合在了一起，很是奇怪的，于是，我尝试着把"静"字拆开解读，到底什么是"静"？

"青"者，初生万物之本色。

若用"青"字来联想组词，首先想到的便是一连串的"青山""青松""青草""青天""青荇""青苗""青梅""青春"，初生万物之本色。

"争"者，繁荣万生之表象。

争，往往是一种表象，第一层含义，则是抛开人之外的万物之争、自然法则下的竞争，争是残酷的，优胜劣汰，你是我的食物，我也是某某的食物；争也是美好的，没有争就没有繁荣万象、勃勃生机。单纯来看人之争，则复杂很多，权力之争、名利之争、街坊邻居鸡毛蒜皮之争、亲朋好友撕破脸皮之争、夫妻之间感情之争、自己内心权衡之争，争来争去，人还活着，心已累死。

什么是静？无论积极入世还是消极隐世，青、争，这对矛盾若没有一个良好的平衡，便不是"静"。

不受身外争扰、车马喧嚣。

坚守初生本色、秉持初心。

守青容争，合而为静。

而禅，就是基于"静"的一种行为。禅，是华夏思维锻炼出的智慧的生活方式，只可惜我们经常随手扔掉这种中国人自己的大智慧。

有时，你会发现总有这么一类人，当其出现时，你便被其深深吸引住：漂亮吗？也绝非貌若天仙；帅气吗？也绝非潘安之貌。这类人，我们称之为美者。

美者，内外兼修，从容谈笑；美者，禅雅姿态，闲庭信步；美者，由内而外，焕发自然。

美者，或许并非你我，而正是我们的大自然。

去聆听百鸟的歌声，去嗅闻野花的清香，去感受清风的柔拂，于大自然的怀抱中，轻舞着属于自然的步调，舒展着属于自己的纯美。

美者，自然；美者，即禅。

静心静思，循禅求美，所以，便有了我们的第自然，有了我们自然而然的禅养护肤。

有时我在想，我们的品牌故事该怎样来描述，想来想去才发现，我们没有严格意义上的品牌故事。只有一群朝气蓬勃的年轻人循禅求美的历程，故事总会结束，而筑梦才刚刚开始。

有没有注意到，你的身上有一种与生俱来的特质，叫中国美。

中国美，安静、淡然；中国美，灵气、大方。

中国美，由内而外，焕发自然；中国美，举止之间，禅雅姿态。

大美无言，大美至善，大美自然，大美即禅。

循禅求美何谓禅？

一般人误以为禅机奥秘，深不可测，高不可攀，这是门外看禅的感觉。

禅就是自然而然，禅与大自然同在，禅并无隐藏任何东西。

用慧眼来看，大地万物皆是禅机，未悟禅前，看山是山，看水是水；悟禅之后，看山还是山，看水还是水。但是前后山水的内容不同了，悟禅后的山水景物与我同在，和我一体，任我取用，物我合一，相入无碍，这种禅心是何等的超然。

但是，今天的我们（人类），与自然是站在对立面上的，破坏自然界的均衡，把自然生机摧残殆尽，河流污染、大气污染、雾霾……这样生活下去，怎能感到和谐，怎能不感到空虚，使精神烦忧而痛苦呢？与自然对立，便是与自己对立，便是与内心对立，这样生活下去，怎能不滋生各种肌肤问题，怎能再见到自己身上的中国美呢？

这便是第自然为之努力的事业。以赤子之心，探索华夏禅思天人合一的无穷智慧，以匠人之心，归还万千女性自然而然的禅肤本貌。登山探林，我们倡导一种自然而然的禅雅生活方式，循方问典，我们追寻简单快乐的禅美胴肌体验，"一方水土养一方人"，我们正尝试打造一个完全符合中国女性肤质特点的民族护肤品牌。

一花一世界，一心一美禅，美源于禅养，美源于自然，发掘你的自然美，展现你的禅姿态，焕发你的中国美。让中国大美，居于时尚之上！

美禅美：新国货第自然的禅品与设计

化妆品，女人戒不掉的瘾，化妆品是女人的"香烟"，吸烟有害健康，化妆同样有害健康。

说这句话，不害怕搬起石头砸自己的脚，只是会被同行群起而攻之：你不想赚钱，我们还想呢！

爱美，这是人的本性，无可争议，而且也是我们生活"真、善、美"三大价值追求之一，只是在追求美的过程中，我们走向了太多的极端。

极端一：化妆护肤，就是涂涂抹抹。

极端二：很快见效，就是好的。

极端三：越贵，越好。

极端四：同时使用同样功效的三五个品牌。

极端五：闻起来香香的，就是好的。

极端六：标榜天然草本，牌子也很大，我就相信是天然的。

极端七：国外的肯定是好的，首选国外。

极端八：不漂亮？那就动刀子整。

当我们的认知水平受限在一定范围内，我们认知到的就是"对"的，当"对"的形成了群体性的需求，那么市场自然便会产生相应的、持续性的供给。

所以说，你会看到各种便于涂抹的按压设计，你闻到诸多化妆品、护肤品都是好香好香的，你听到的各类广告语都是标榜绿色纯天然的，你周围的朋友都在向你推荐各类澳大利亚、美国、法国、日本、韩国的护肤品。

你看不到的是流水线上各类化学剂按照"配方"、按照市场需求添加。

讲六点。

第一点，皮肤只有在"里应外合"的相互作用下，才能达到良好肤质状态。"里应"包括饮食对生理状态的调理，以及自身心理、精神状态的调整；"外合"包括护肤品的涂抹、生活工作环境和四季转换的及时调整。挖一大块"啪"地抹脸上就完事，那不是护肤，那是施工抹墙。

第二点，越是香味浓烈，越是一瓶子化学品。

第三点，越是标榜天然绿色，往往越是不天然、不绿色，我的第自然也标榜天然、绿色、无污染，我无法保证我们的禅品的每一滴里面不含有化学成分，但我可以保证的是，每一滴禅品精华里面，国家政策规定要求的必须添加确保溶液成形的化学成分在同行业内含量最低。

第四点，在彩妆领域，在我没有寻找到成分配方、没有十足把握之前，第自然不会出现彩妆。我们始终选择自然美、健康美。

第五点，合适的才是最好的，"一方水土养一方人"，这句俗语辩证地来解释，那便是我们中国人的体质、肤质使用异国化妆品，某种程度上是适得其反的，西方女人衰老速度比中国女人快很多，你用适合于西方人的配方以及成分制成的化妆品，考虑过后果吗？

第六点，中国美，不仅仅是外表美。

很漫长的一段时间里，我和产品经理几乎都是在飞着的，飞上海，飞北京，飞广州，在前文我已经讲过了，中国的制造能力是毋庸置疑的，差就差在没有标准的倒逼，所以我完全没有必要自己再建造车间，全部委托OEM（定点生产）！先把质造这道关过了，和被委托方接触最多的不是其老板，而是厂方的配方研发工程师，待的最多的地方不是厂方安排的五星级酒店，而是实验室，以及制造车间。我不懂方程式，也念不全一长串的化学成分名，那就对照配方挨个儿指着问："这个必须要有吗？"但凡没必要的，一律给我去掉，这只是第一步。第二步往往我会来往于多个厂家，举个例子，比如担水善润－樱草－水嫩禅养精华里的一种成分，A厂家配方研发工程师说需要放，B厂家说不需要放，好，虽然远在他乡，但也要租一个大的会议室，聚到一块儿，你们吵，给我结果，讨论不出来？再请另一个城市的工程师加入进来，我只要一个行业内化学成分含量最低的结果。

其实不止一个研发工程师给我提过醒，使用效果如果不能很快显示出来，或者香味达不到要求，你会不好卖。我自己心里也清楚，赔了，自己倾家荡产，大不了再来一次。

在确认配方前，其实是需要主成分的确认的。成分干脆我们自己挑，跑江西永丰找茶籽、跑西藏山沟碎石坡边找红景天、跑辽宁找樱草（全名叫晚樱草，可能很多人不知道）、跑山东烟台浅海区域找珊瑚藻、跑山西找青柿、跑宁夏找枸杞、跑广西找扦扦活果、跑四川找山桑叶、跑甘肃找甘草、跑云南找汉麻、跑浙江找葛根、跑新疆找葡萄籽、跑海南找针叶樱桃、跑陕西找燕麦、跑湖北找雏甘菊、跑河南找石榴、跑青海找雪莲、跑湖南找枇杷、跑江苏找牛蒡、跑广东找玫瑰、跑浙江找薰衣草、跑台湾找牛油果、跑贵州找香橙果、跑云南找白芸豆和三七、跑黑龙江找大麦、跑河北找雪梨、跑安徽找马鞭草、跑海南找花楸木、跑福建找橄榄……

绕着中国跑了一圈，回来后确定了几个事实：第一点，做第自然的产品经理是最幸福的，游遍祖国大好河山；第二点，做第自然的产品经理也是压力巨大超辛苦的，这辛苦不仅仅是身体疲劳，因为当你按着《中国百科全书》去丈量各地时，你会发现有些资料纯属瞎编——此地无银三百两，想要的植物或药材压根儿就没有，当然，不排除一些地区的植物确实是因为污染原因而导致濒临消失；第三点，我们产生了足够的自信，用第自然的一句广告语来说，我们确实做到了"登山探林，循方问典"。

确认了主成分，找国画大师挨个儿去素描、存档设计，所以你就会看到我们的很多禅品外包装上，或者店内，有许多精美绝伦的手工画。

新国货　第自然的崛起之路

既然做了，就要做到极致，就要做最好，有些原则不能触及，否则，"不行，不行，还是不行！"

并非找到主成分后就万事大吉了，这，才仅仅是一个开始。

在真正开始对禅品整体的构建前，我思考了以下几点，将其归纳为品牌构建"八戒"，分享给大家。

一戒，不可无的放矢。

不以顾客满意为目的的品牌建设，都是耍流氓。

第自然，从不要流氓。

二戒，不可镜花水月。

品牌创建不是艺术创作，忌臆造，忌浮夸。

第自然坚信，只有深度了解市场、竞争、受众、产品，才能得出契合品牌发展的策略。

三戒，不可南辕北辙。

再聪明的牛，也听不懂《高山流水》。

第自然的品牌运作，要站在消费者的立场上，形成吸引他们的磁场。

四戒，不可黔驴技穷。

创意灵感枯竭，无异于自杀。

第自然认为，只有永不枯竭的大创意，才有不间断的影响力。

五戒，不可重而无基。

没有"圆桌骑士"，就没有亚瑟王朝。

包容五湖四海元素的多元化视野，让第自然的品牌作业更加前沿。

六戒，不可墨守成规。

经验是思考的出发点，而不是终点。

第自然拒绝单纯的经验套用，我们要根据企业现状，制订最适合发展的品牌方案。

七戒，不可纸上谈兵。

脑子里的东西，再美丽，也只能叫作幻想。

第自然，崇尚创意，更重执行。

八戒，不可安于现状。

沉睡的狮子，只能算一尊雕像，会奔跑才能称王。

第自然速度，是我们能力的最好证明。

在此八条戒律下，我们逐渐搭建起了以"内调外养"为中心轴的第自然禅品体系，先来看一下我们的"内调外养"理念。

无穷般若心自在——内调。

请给内心一个悠闲自在的可能。

从容淡定、无我无执，便是每个人无穷般若的智慧之源，禅养之心，不染风尘，天涯海角，尽在心间；繁华尘世里，去享受家常的温暖，去憧憬平实的梦想，自由自在，真实坦然，不抱怨，不心灰意懒，温润地过好每一天。

语默动静体自然——外养。

请给外肤一个焕发自然的可能。

美是一种选择，甚至是一种放弃，而不是贪婪，在众人为美而皆快时，请放慢你的脚步。一个人，去聆听清泉的叮咚，去拥抱大地泥土的芬芳，去盛享生命的清幽，去领略肤体融入自然时的美妙，一念一悟中，一心一禅然。

发首相知、临镜观莲、体物缘情、纤手细步、怡然小物五大类禅品分别对应的是人体头部、面部、躯干、手足，以及化妆护肤所需的各类辅助工具，内调类禅品去哪儿了？内调、外养横向融入五大类禅品中，五大类禅品由十几个系列、几百种禅品构成，从进店第一步到出店最后一步，每一位朋友的任何一个关于肌肤的问题，均可以找到对应的禅品护理，这不是一句大话，我们已经实现了这种一站式购物体系的搭建和落地。

美禅美，每当我们静下心来时，禅便与你同在，但禅给人的第一印象，总是虚无缥缈的，这是一个正常的认知"变道"。"变道"这个词语很多人在学驾驶时经常听到教练说，"需要往左变道了！""需要变道直行了!"为什么是一个正常的"变道"呢?主要还是因为佛家把禅这种基于"静"的思维方式逐渐演变成了一种教派的修行,提到禅,便不由自主地"变道"至佛,而我要做的,是把这种飘浮起来的形而上,落地到每一件禅品中去,落地到内调外养上,呼唤出我们中国人自有的中国大美。

先来落地禅品,这是我随手摘抄的我们第自然几款禅品的说明,随手摘抄源于自信,而这种自信靠的便是不放过每一个细节,在第自然,你绝对看不到以往护肤品牌要么呆板枯燥,要么夸大其词的说明书。

> 城北徐公葛根君度系列
>
> 倚风而吟,依念而行
>
> 青衣一袭,素面朝天
>
> 禅卧竹林边
>
> 披天为褥,铺地为床
>
> 风一样的男子
>
> 城北徐公
>
> 看远一些,走远一点

这是第自然禅品中男士护肤系列的品牌陈述,"城北徐公"是谁?当然历史上确有其人,我更希望看到的是,中国男人比韩国"男人"更出色,倚风而吟,有风度;依念而行,有信仰;青衣一袭,素面朝天,有担当;披天为褥,铺地为床,有胸怀。

> 竝世确幸花楸木紧致提拉系列
>
> 世无界,故世界
>
> 时无光,故时光
>
> 禅无心,故禅心
>
> 确有幸,知达乐
>
> 普界竝世,难得确幸时光

竝世确幸

放下你的小苦恼，提起你的小确幸

世界哪来的界限？所以称之为世界；时光哪来的光线？所以称之为时光。禅本无心，所以有禅心。我们往往执念太重，心里占满烦恼，那些短暂的小确幸、小幸福是需要我们用心去体会和把握的，其实生活没有想象的那么美好，也没有想象的那么糟糕，小确幸，组成大乐活。

起初我也在怀疑自己，我们的"内调外养"，仅仅只是倡导一种禅品的内外搭配使用吗？既然不是，那又会是怎样？

创意带来突破，创行，让美好落地，艺禅艺，让禅养落地。

艺禅艺：新国货第自然的运营思路

设计是空，艺术是灵，有禅境，得空灵之美。

曾有一段时间，我一个人去了趟日本，去看日本的枯禅，回来后才发现，禅没有地域之分、民族之分、你我之分，想禅在远处时，它确实就在很远很远的地方，遥不可及，深藏宇宙；想禅在近处时，它确实就在很近很近的地方，近在咫尺，住在心底。

所以，我哪儿也不去了，原地起禅，行禅艺。

思考了三个问题，三个打开每个人心中国大美的问题，禅品内外包装设计、实体店内外设计、触摸内心的"互联网＋"设计，下面一一道来。

在分享第一个禅品内外包装设计想法前，先来看一下，我们的第自然 Logo（标志）。

"第自然"三个字，均为残缺，为什么残缺？凸显个性吗？卖弄设计感吗？

"第"之残，残缺不堪，此为肌肤状态的残缺。

每个人或多或少都会存在一定的肌肤问题，要么干燥缺水，要么肤色暗沉，要么斑点滋生开始衰老，无论我们接受还是不接受，木已成舟，这些肌肤问题让我们变得忧心忡忡，爱美的本性驱使着我们想尽一切办法去变得完美。

关于这点，我始终认为真正的完美就是学会接受自己的不完美。

西方伟大的哲学家苏格拉底长相非常丑，以至于他的丑和他的哲学观一样享有盛名。但是，他从不介意自己是否会给人留下难堪的印象，并不因为自己的不完美就躲在家里不敢见人。相反他热爱公众场合，总是衣衫褴褛，光着脚到处去演讲、撒播智慧，告诉人们幸福的真谛，丝毫没有自卑感。他到哪里都可以成为公众崇拜的焦点，没有人围观嘲笑，只有静静地接受智慧的洗礼。

或许，你的身上没有任何值得去肯定和炫耀的闪光点。但是，你就是你，你是独一无二的，你同样是上天创造的杰作。

"自"之残，残缺不堪，此为中国人潜意识里掩盖了我们自有的美。

源于内心的自信和魅力，不是靠优越的物质生活、华丽的服装、昂贵的钻戒、奢侈的化妆品来装点，这份自信和魅力，恰恰是静下心来去绽放我们与生俱来的中国美。

遗失中国美，是目前中国社会普遍存在的现象，上次去某个偏远地区寻找第自然植物成分，有位"的哥"曾开玩笑地说："中国人真牛，我前脚刚去了'法兰西庄园'接法国贵妇人王××，后脚又要去'意大利海岸线'送意大利'谋女郎'张××，整个世界囊括在了我们这个小县城。"大到一座城，中国五千年的建筑美元素已经消失殆尽，剩下的只有靠旅游收钱维持存在的古建筑；绿化美的消失也是骇人听闻，中国北方的一线大城市，往往仅在公园、郊区、高校才可以看到较为丰富的人工植被。道路隔离带的绿化也是少得可怜，有的地方甚至会为了城建砍掉生长了几百年的老树。"待"在室内的人们也只能靠盆栽等点缀房间，以弥补缺氧的遗憾，我们号称大气磅礴、海纳百川，却容不得自然植被之美；再来看饮食之美的丧尽，每一座城，但凡被认可为城市中心的地方，盘踞的往往总是肯德基、星巴克，有几家中国人自己的品牌？

"然"之残，残缺不堪，此为自然之美的丧失。

请问，你有多久没有闻到过大自然泥土的味道了？你的袖口，多久没有沾上过原野清晨的露水了？有一种几乎和癌症一样可怕的病，叫自然缺失症，可怕到什么程度？常人无法理解的各种变态行为、虐杀行为，很大程度上源于罪犯犯罪前与大自然长时间甚至完全的割裂，人体是个生物电磁场，我们生活在大自然的大电磁场中，一旦大自然的平衡被打破，身心就会引发各种的病态、不舒服的感受，我们身边各种现代化的物质都是不导电的物质，使我们每天都在"绝缘体"的世界中生活，没有与"地气"相通，释放负电荷，人们很容易变得孤独、焦躁、易怒。简单地讲，用着各类号称纯天然植物萃取的护肤品，也挽救不了肌肤丧失殆尽的自然美感。

　　一款怎样的禅品设计，一个怎样的门店设计，能够瞬间触动你我的内心？这个问题各人有各自的见解和答案。关于禅品的瓶体和外包装，我坚持的一个方向便是"传而不统"，第自然目前上市的单品已经有百余种，细说每一款单品瓶体的设计初衷，恐怕需要三天三夜，还是老规矩，一起来看一下我们的吐故纳新－枸杞赋活新生系列，以下是该系列的一个品牌阐述：

　　　　起居不洁，饮食不精

　　　　致生浊气

　　　　浊气藏内，腐精朽元

　　　　致生老衰

　　　　参禅养气，润品相辅

　　　　吐故纳新

　　　　未纳菁英，先吐浊积，一吐一纳，生新去余

　　不是要讲瓶体设计吗？怎么又说起了系列阐述？如果你也有这样的疑问，说明你有做设计者的潜能，却没有做设计师的禀赋，文案和设计的关系是相当复杂的，有人曾调侃说，文案和设计是上辈子闹离婚闹了一生却始终没有分道扬镳的夫妻，是一对天生的冤家。当我们团队的文案君小河和设计师邵老闹得不可开交时，我经常调侃他们："这两口子又吵起来了，两口子过日子得互相包容嘛！"调侃归调侃，俩人真急眼时还必须得我费尽九牛二虎之力掰开，所谓的撒手锏无非就是我必须同时精通文案和设计，只能说感谢他们的"逼宫"，你绝对想象不到两个近30岁的男人互相

"掐架"时那种幽怨的表情，也想象不到两个男人有时一起红着脸"甜言蜜语"讨论他们的"孩子"该怎样更优秀时的那种情境，幸好俩人都有女朋友，不然……

我们还是讲一下吐故纳新－枸杞赋活新生系列吧，"浊气藏内，腐精朽元，致生老衰……未纳菁英，先吐浊积，一吐一纳，生新去余"，整段文字中，你可以看到传统的元素，却又不是传统的"八股文"，这就是我的方向"传而不统"。我们发掘中国美，而不是一味地复古，设计师心领神会，在延续传统中国代表性元素胭脂红的基础上，更多地加入了禅品主成分枸杞本身的色调，"枸杞，二树名。此物棘如枸之刺，茎如杞之条，故兼名之"。从枸杞之名得胭脂红与枸杞红合而为一的灵感，色调的转变灵感则是根据枸杞果长达 11 个月的自然生长渐变过程所得，整个系列的瓶形各异却有着一致的中国传统圆润质感，细看瓶身的 UV（Ultra Violet，紫外线滤光）工艺，你会看到一株时值成熟期的弓曲枸杞，这一株灌木枸杞，是托朋友从宁夏快递回来的，整株挖出来用保鲜膜缠好，到了我这里时有些蔫叶，又托画家朋友连夜画下来，再扫描为电子版经设计拉出简形图，一并交于瓶体合作伙伴进行上瓶。

瓶体上的每一个字采用康熙字体丝印，这是"传"。如何让大家快速了解一款禅品的用途等关键信息？如何带来一种协调的自然美感？这就需要好好地"咬文嚼字"和进行版式的搭配了，基于这两点，我们提出了"前明后主中两空"："前明"，明确成分、系列归属、功效、产品属性；"后主"，品牌、净含量。第自然的禅品瓶体，包括外包装不存在密密麻麻的文字，简单、大方、一语中的即可。

在外包装这一块，除了统一的"前明后主中两空"原则，盒体上顶系列阐述下盘详细生产信息，不过在关于盒体形状上，产生过较大争议，我们耗用了近两个月的时间敲定了盒形，原本为方正体，但总感觉缺失了什么，在临近批量生产时的前一星期，全部调换为圆筒状，意为竹简之卷、画轴之卷，此为"传"，更多还是考虑到一个握合的舒适度。此外，同样

新国货　第自然的崛起之路

的一个外包装，方形设计和圆形设计，放在一个充满好奇心的儿童手里时，孩子会不由自主地上下翻看，圆润和棱角相比使用户受到刮伤的可能性会更小。

"传而不统"更多地体现在我们的门店整体设计上。走进任何一家第自然实体店，你会发现每家店几乎过半的面积没有陈列和销售，是现场体验。门店整体的体验区设计则和"互联网＋"密不可分，可能你会感到疑惑，为什么我把"互联网＋"这个完全和设计不搭边的程序与技术也归为了"设计"，当你不再认为互联网是一个充满各种代码和各种程序语言的载体，当你用设计的眼光去看待它时，你会发现枯燥的计算公式和一连串的代码将会变得充满艺术感。

我们每个人都在追求着美，无论内在还是外在。就皮肤来说，你一生当中会遇到各种各样的肌肤问题，通常的做法，无非就是百度一下怎么办，或者网上做几套简单的肌肤测试，上天猫、京东挑一堆自己认为适合的护肤品，又或者逛街到商场找几个专柜简单试用一下，还没来得及仔细感受就被密密麻麻的导购员包围了。望着这堆化妆品，然后就没有然后了，难道不是吗？

新国货，我希望的不仅仅是外表上有多花哨，而是一场在消费者服务质量上的进取。

我们就从传统的护肤品选购，一步步地寻找突破口，让我们一起通过联想关键词，来构造第自然的"互联网＋家"框架。

不清楚自己的肤质状况，没有精力长期观察自己肌肤的微妙变化，简单地试用和仅凭推销员的诱导买不到自己真正需求的产品，逛街逛累了能找一个奶茶店歇歇脚，但比自身更累的"疲肤"要么没地方"休息"，要么压根儿你就没注意过它的疲惫。

假如有个地方，"我"逛街逛累了，既能得到休息又能及时调理肌肤、放松身心，那该有多好！

假如有个地方，能专门让"我"系统地"体验"一下产品到底好不好用，而不是仅凭简单的试用装和视觉判断，以及摆脱烦人的导购诱导，该有多好！

假如有个专业的"导师"，能一眼判断出"我"的肌肤到底哪里有问题，该有多好！

假如有一个"档案"，能持续地跟踪记录"我"的肌肤状态，该有多好。在"我"肌肤出现危机的时候及时提醒并给出正确的护肤产品搭配方案，该有多好！

假如有个"移动"数据云，即便"我"出差去了很远的地方，只要有这家店，"我"进去依旧和在原来的门店里一样，店员清楚地知道"我"的肤质状况，给"我"的不再是促销，而是"我"确实需要的产品，那该有多好！

假如有一套"激励方案"，"送人玫瑰，手有余香"，让"我"每一次的分享都能得到奖励，那该有多好！

假如有一个品牌，能像饿了么、滴滴快车一样，当"我"的肌肤出现问题时，随叫随到立刻解决"我"的问题，并且能够实现在家预约时间，到店马上给"我"的皮肤做周期保养，那该有多好！

假如有一个品牌，通过一定的合作方式，"我"能够"终身免费"使用它家的产品，那该有多好！

假如有一个"国货品牌"，它带来的产品、服务品质超过任何一家国外品牌，"我"将不再总是无奈地被迫选购舶来品，那该有多好……

假如……

这些关键点，正是我构造"互联网＋家"的出发点，更是构造第自然内调外养禅养护肤品牌的出发点。如果问我，问我们团队中的任何一个人：第自然将会给消费者带来什么？

那么答案是，现实生活中那些一直在"假如"的渴望，这就是我们要带来的，这就是我们正在做的。

国第自然，笃志前行。

第四章

「新国货营运难不难」

品牌理念识别：请回答"我是谁"，难！

"噫吁嚱，危乎高哉！蜀道之难，难于上青天！"李白在《蜀道难》中，形容蜀道小路难走的艰险程度比上青天都难。

我就来说我们的第一难——禅。

一个禅字，意蕴无穷，你若讲禅，唯恐一个字都讲不出；你若思禅，唯恐漫无边际；你若静心，禅就是你。所以我说禅之难，实则自身之难，最难莫过于我们不懂自己，为什么总是不懂自己？很大的一个原因便是，我们把这种华夏思维锻炼出的智慧的生活方式给放弃了，把自己放弃了，怎么可能谈得上认识自己？怎么可能谈得上散发出自身的中国美？

禅在中国因佛而盛，那么我们就从佛说起。

禅，刚才提到了，华夏思维锻炼出智慧的生活方式，我们可以理解为"静虑""摄念""思维修"。早在先秦时期，史书就有此类修行方法的记载，我们这个重经验、轻系统理论的国度，甚至没有一个概念来定义它，最终取梵语"Dhyana"的音译，便叫了禅。这种冥想行为，是通过一定的禅坐训练，当然，你也可以小煮一杯茗茶，闻香静心，每天给自己留出一段独处的时间，集中注意力思考一下柴米油盐中的道理，让大脑里的杂念杂欲慢慢沉淀下来，使思维如水一样清澈、透明。我们团队研发的第一个系列，名称之所以为"担水善润"，并非因为补水是我们皮肤的刚需，而是意在给你一担"水"，"水"出你的"灵"。

禅是一种开悟的境界，佛家禅的境界里没有区分的思维，去除了一切二元对立，当然，这个二元可不是漫画里的二次元，它指的是现实生活中的形形色色事相，在佛家来看，世上万事万物，形相上虽然有差别，本性上却是平等的，万法归一，众生平等。

禅是一种开发智慧的方法。佛家运用"不二法门"，让我们摆脱分别的枷锁，充分显现出一切众生原本具有的"如来智慧德相"。这个难度高，所以，我们只要认知到自己与生俱来的中国美，便可以了。

中国禅宗六祖慧能大师说："外离相曰禅，内不乱曰定。"什么意思呢？外面的世界五彩缤纷，能超越这些形形色色、万相迷离并不为所动，这就是"禅"；超越外界的形相后，心灵就保持了自由，这就是"定"。有了"禅定"的功夫，生命境界就会有所改观。什么样的改观？起码我们不会再杞人忧天，不会再患得患失，不会再唯唯诺诺。

"禅定"对于生活在现代大都市里的我们，尤为重要。

好忙、很累、很郁闷、很压抑？内心无处不在的疲惫感？去静一下心，纷纷扰然不为所动，心自由，坦然面对压力，压力自然化为动力。

有时候我们的痛苦皆因想要的太多，这是一方面；面对形形色色各类诱惑太多，又不能为自己的目标守住"定"，这又是一方面。结果呢？心神杂乱，恍恍惚惚，有时，我自己也会如此。禅定，可以把我们的心理调节到最好的状态，让我们集中注意力，增加禅定的力量，获得宁静、安详、舒适、快乐的心理体验，你若做不到定心，那就试一下去我们的体验区，我们不仅仅让你体验产品的舒适，还可以戴上耳麦，里面有我们专门录制的定心曲，睡一个浅觉，得一个轻松。

禅定更能开智慧，为了各种利益，尔虞我诈，钩心斗角，明枪暗箭，那不叫智慧，只能是生存技巧。禅的思维方式可以使人从生命的最深层次，打开最根本的智慧。打开了这个最根本的智慧，对一些困顿、迷局就会看得透透彻彻、明明白白，争来争去，无非还是和自己争。

当然，能做到这些确实很难，包括我自己也一样。佛教的创立者，大家都知道是释迦牟尼，他在开悟时说："奇哉奇哉，一切众生皆有如来智慧德相，只因妄想执着不能证得。"由于有了妄想执着，而不能让这原本就具有的佛性（纯善之性）充分地显示出来。禅的宗旨，就是要唤醒隐藏在每个人身内沉睡的"佛性"，使人们获得一种觉悟的生命、充实的生命、自在的生命。那么，唤醒了我们与生俱来的中国美，不就是一种觉悟后的新生命吗？

接着来了解佛禅。关于佛禅的出现，有一个美丽的传说，这个传说，相信大家或多或少都有了解。

> 相传，释迦牟尼在灵山法会上正准备说法时，大梵天王来到座前，他献上一朵金色婆罗花。释迦牟尼拈起了这朵花，意态安详，却一句话也没说。当时前来聆听释迦牟尼说法的人有很多，大家都不明白这是什么意思，面面相觑，唯有大弟子摩诃迦叶破颜微笑。于是释迦牟尼对大家说："我有纯正的禅法、清净的禅心，现在，我把它传授给大迦叶！"

安详拈花，会心一笑，就这样，禅，在拈花微笑中诞生。禅，从师父的心上传到了弟子的心上。它的传承，没有礼仪，不用过多语言，只是心与心的沟通。

一心向美，则由内而外焕发自然，禅雅姿态。闲庭信步，开启心智，需要我们虔诚地不断去修习。

达摩大师被称为禅宗东土初祖，他有一句著名的诗偈，叫"一花开五叶"。"一花"指从释迦牟尼传承下来的禅法源头；"五叶"指禅宗支派的流变，即六祖慧能门下的五个宗派。慧能之后，中国禅宗分化出五宗，"五叶"就是指禅宗的这五家。

佛禅的十六字真言是：不立文字，教外别传。直指人心，见性成佛。

"不立文字"，是不拘泥于文字，强调体悟语言文字之外的意义。禅宗有一部典籍叫《指月录》，用手指和月亮来比喻文字和真理的关系。真理如同月亮，语言好比指向月亮的手指。见到了月亮，就要忘了手指，不要执着文字。这就叫"见月应忘指，归家罢问程"。

"教外别传"，是指禅的传承和佛教其他宗派传承方法不同，很独特。禅宗注重的是像拈花微笑一样，以心传心、心心相印的顿悟。禅师，往往用行棒行喝、竖指擎拳、开单展钵、穿衣吃饭等方式，企图传达最为精深微妙的"禅意"。

"直指人心"，是指禅的一切机锋、语言、方法，都直截了当地指向人本来具备的觉悟之心。禅师们的种种努力，都是旨在让人们直面生命本源，回到没有受到各种俗世欲望污染的清澈纯洁的生命源头去。

"见性成佛"，是指当我们悟到了自我的本心本性，也就获得了"觉悟"，生命就是觉悟的生命，我们也就成了觉悟的佛陀。

为了更清楚地说明这个道理，我们看一则禅学中的经典寓言。

从前有个商人，结识了四个朋友。他对第一个朋友言听计从，给他穿最好的、吃最好的、住最好的、用最好的；第二个朋友，气宇轩昂，仪表堂堂，商人对他非常器重，想尽种种办法维系和他的关系，并带着他在人前炫耀，以拥有这样的朋友而扬扬得意。对第三个朋友，商人的态度较为平淡了一些。但因为这个朋友料理事务的能力非常强，商人对他也很满意。唯有对第四个朋友，商人几乎从来没有注意到他的存在。

有一天，商人要到很远的地方去做生意，想要带其中的一位朋友前去，以解除旅途寂寞之苦。问第一个朋友可否同行。第一个朋友说，我们只能共欢乐，不能共患难，我没有陪你出远门的义务。商人很是伤心，问第二个朋友可否同行。第二个朋友说，我知道你对我很好，但是我知道普天之下的所有人也都对我很好，所以我也不会陪你前去。伤心的商人问到第三个朋友，第三个朋友说，我可以送你走一段路，但只能送你到门外。送到门外后，我还要返回来，因为有很多事情等着我去处理。伤心的商人这时终于想到了第四个朋友。出乎他意料的是，第四个朋友什么话也没说，就陪他一起上路了。

在这样一则禅的故事里，那位商人不是别人，就是我们每个人自己。他要去的那个很远很远的地方，不是别处，就是死亡的国度。因此，这则故事的主旨在于：当我们有朝一日离开这个世界的时候，我们到底能从这个世界上带走什么？

第一个朋友，是衣食之友，象征我们的肉体。人一辈子都围着肉体打转，满足一己感官享受，但到最后，这具肉体并不能随我们而去。第二个朋友，是名利之友，金钱、地位。人们辛辛苦苦地追逐它，唯恐稍不努力，这些东西就会离我们而去。第三个朋友，是亲属朋友，是我们的妻子、同事、伙伴。在我们的生命中，与这些朋友相聚共处，是一种值得珍惜的缘分。但是，当我们离别这个世界时，他们也不能同去。第四个朋友则是心灵之友，是我们的心灵、感受。人，能从这个世界上带走的，是这颗干干净净、清清纯纯的心。只有它和我们生死不离，不抛弃，不相离，但人们活着的时候，往往忘了它的存在！

这则经典的禅学寓言，指明了禅学的根本意义：明心见性，顿悟成佛。认识了你的第四个朋友，就是明白了本心，悟到了本性，见到第四个朋友，需要的就是悟。

禅学里，"悟"含有"心"和"我"两个意义，就是"我的心"，意指"我心中感觉到"，或"我心中体验到"。

禅学是非常注重体验的，这种亲身的体验，就是《六祖坛经》讲的"如人饮水，冷暖自知"。

什么是"如人饮水，冷暖自知"呢？当我们在喝这杯水的时候，我说烫，你也说烫，虽然我们都在说"烫"，但实际上是不一样的。就好比同样坐在我们体验区进行禅养护理一样，同样一段音乐、同样一段心路历程，感受"好"的程度，只有自己心里清楚。

临济的禅风向来以峻厉著称，临济禅师的学生中有一个叫定上座的，也很有临济禅的峻厉风格。有一次，定上座在桥边碰到三个游方僧人，其中一个人问他："什么是禅河深处，须穷到底？"

定上座听了，一把抓住这个人，要把他从桥上扔到河里去！其余两个人见了，连忙劝他："请您不要生气，这位师弟刚刚出道，还不知临济禅的厉害。"

定上座这才停下手来，说："要不是看这两位的面子，今天一定要让你亲自到禅河深处走一趟，让你自己'穷到底'！"

每个人的"禅河"深处，需要每个人去探到底。禅提倡以透入生命的至情至性加以体验。只有透过自己的亲身体验，生命才会发生惊喜的改变。

圆悟克勤禅师的得意弟子大慧宗杲，是宋代非常著名的禅师。大慧宗杲的门下，有一个和尚叫道谦，他参禅多年，却没有发现禅的奥秘。有一次宗杲派他出远门去办事，道谦非常失望。他想，为时半年的远行，对自己的参禅有害无益。道谦的同门宗元禅师很同情他，说："既然你这么不开心，我陪你一起去好了。我想如果尽我的全力来帮助你，没有任何理由使你不能在路上继续参禅啊。"

于是，他们结伴远行。

两个人风餐露宿，好不辛苦。一天晚上，道谦向宗元诉说了自己长久以来苦苦参禅却一直不能悟道的苦恼，并请求宗元帮忙。

宗元说："我能帮助你的事，我会尽量帮助你，但有五件事我是没办法帮你的，这五件事你必须自己去做。"

道谦忙问是哪五件事。宗元说："当你肚饿口渴时，我不能代替你吃饭、喝水，你必须自己去吃饭、喝水；当你想大小便时，你也必须自己去做。这四件事我一点儿也帮不上你。最后，除了你自己之外，谁也不能驮着你的身子在路上走！"这席话立即打开了道谦的心，原来，参禅是自己的事情，别人永远无法替代。半年之后，道谦回到了原来的庙里。大慧宗杲在半山亭远远地看见他，高兴地说："这个人连骨头都换了！"

当一个人"连骨头都换了"的时候，就会对生活的禅别有一番独特的感受。

禅定止乱心。给你一杯水，如果用手去摇晃它，这杯水就不能反映出外部的影像。心，也是一样。我们的内心，时时刻刻都在躁动不安，像猿猴爬树一样，不停地从这棵树上爬到那棵树上，不能安安静静地待在一个地方。我们的意念，也像马儿一样，不停地飞驰。所以禅把我们的意识叫"心猿意马"。心神散乱，就是心猿意马。如果我们的内心总是处在动荡不安中，就不能平静地反映出生活中所遇到的人和事。所以，要静下心来，定住蠢蠢欲动的那颗心，使自己安静淡然。参禅，就是要把心猿意马的意识给拴住，让心静下来，正如玄奘法师呈报给唐太宗的表文中所说："制情猿之逸躁，系意马之奔驰。"

禅，有使心灵安静的功能，就像将一块明矾投到浑水中，使浑浊的水变清一样。《涅槃经》卷九说："摩尼珠，投于浊水，水即为清。"《弥陀疏钞》云："明珠投于浊水，浊水不得不清。"这两句话是什么意思呢？

过去没有自来水，都是从河里打水来吃。如果是下雨天，河水不太清，这时候怎么办？就在水缸里打明矾，打了明矾之后，过一会儿，水里的杂质就沉了下去，水就变得清亮清亮的，就可以来饮用了。这就是静心的道理。让杂念、杂欲沉下去，让思想变得纯净、明澈。儒家经典《大学》里也说："知止而后有定，定后能静，静而后能安，安而后能虑，虑而后能得。"说的也是这个道理。

你可能不明白，儒家孔夫子也懂禅？如果你问这个问题，等于也在问，道家老子也懂禅机？更等于问自己，"我"自己也懂禅？

关于放下与端起，我在表述第自然内调外养理念时提及到：语默动静体自然——外养，请给外肤一个焕发自然的可能。什么意思？美是一种选择，甚至是一种放弃，而不是贪婪，在众人为美而皆快时，请放慢你的脚步。一个人，去聆听清泉的叮咚，去拥抱泥土芬芳的大地，去盛享生命的清幽，去领略肤体融入自然时的美妙，一念一悟中，一心一禅然。

如果我们到寺院去，请求禅师开示，几乎所有的禅师都会给你说六个字："看破，放下，自在！"人生在世，需要的就是这份从容洒脱。对于忙忙碌碌的现代人来说，首先要做到的，就是放下。

中国人都很熟悉日本的"一休哥"，看着这部动画片长大的基本上都是 80 后吧？一休禅师，其实是真实的历史人物。

据说有一天，一休打破了一个茶杯，这个茶杯是他师父非常喜爱的稀世之宝。打碎了杯子，肯定会受到师父的批评。怎么才能逃过师父的惩罚呢？一休想到了一个办法。当他师父回来的时候，他就问师父一个问题："师父，人为什么一定要死？""这是自然的事情呢。世间的一切，都是由缘分决定的，有聚就有散，有生就有死。"这时，一休恭恭敬敬地说："报告师父，现在我要告诉您老人家一个好消息：您最喜欢的那个茶杯啊，它的死期到啦！"师父听了，哭笑不得，当然也就没有责怪一休了。

当我们无法改变一件事情的时候，就要去面对它。端得起，更要放得下。

现在如果我端起一杯水，大家认为这杯水有多重呢？大家通过一定的办法都能回答出正确的答案，比如连杯带水共重 0.3 千克，但我要问的是，你们可以将这杯水端在手中多久？可能很多人会觉得没什么："0.3 千克而已，端的时间再长又能怎么样！"

确实，端 10 分钟，大家肯定会觉得没问题；端 10 小时，大家就会感到手酸。如果端上 10 天呢？那你的手臂就会出问题，就会发酸、发胀、发麻、发肿，你就得叫救护车了！虽然这杯水只有 0.3 千克，但是如果你放不下，端得越久就会感到越来越重，到最后你就会被它压垮。

在登山运动中，有一个人人畏惧的高度，就是海拔 6500 米的高度。超过了这个高度，登山的人一定要携带氧气瓶，否则就会缺氧而死。但是有一个人，却没有携带氧气瓶，多次跨过 6500 米的登山死亡线，并且最终登上了世界第二高峰——乔戈里峰。乔戈里峰的海拔高度是 8611 米。这一壮举被载入了吉尼斯世界纪录，这个人就是美籍印第安人蒙克夫·基德。他之所以不带氧气瓶而能登峰造极，是因为他发现了无氧登山运动的奥秘。在颁发吉尼斯世界纪录证书的记者招待会上，他说：

我认为无氧登山运动的最大障碍是欲望，因为在山顶上，任何一个小小的杂念都会使你感觉到需要更多的氧。作为无氧登山运动员，要想登上峰顶，就必须学会清除杂念，脑子里杂念越少，你的需氧量就越少，欲念越多，你的需氧量就越多。在空气极度稀薄的情况下，为了登上峰巅，为了使四肢获得更多的氧，必须学会排除一切欲望和杂念。

生命在高处，"觉悟"在高处。人生的大雄峰，就是大彻大悟的生命境界。在这样的高度，任何欲念都不能生起，否则就会前功尽弃，就会身陷险境。

无欲则刚，当我们放下一切欲望时，才能树立起原本无法超越的目标。

每个中国人都有一种与生俱来的中国美，只因我们欲念太多，只因我们想要的太多，只因我们的心没有静下来。

静下来，听禅，听自己，难吗？

其实不难。

品牌视觉识别：横看成岭还是峰

其实直到动笔写本节的第一个字时，关于禅品气味，我都没有完全解决掉这个难题。

我们都知道，香味浓郁的产品添加的化学剂量特别高，越是清淡越接近于主成分提取物的原貌，其实这句话是有问题的，前半句肯定正确，有问题的则是后半句。一开始，我也是认为整句话没有任何问题，真正地接触到每一种成分时，才发现自己大错特错，因为相当多的一批植物尤其是中草药，味道都特别浓，有的甚至闻起来还是怪怪的。

测试做出来小样，打开盖子，然后告诉消费者它就是这个味儿，我们也确实遵循了化学成分最低的原则，但是消费者真的会买账吗？答案是不会的，理儿是这个理儿，但是，人人都需要社会交际呀，你弄一身异味潇洒地从人群中穿过，然后再挨个儿去和别人解释，这是讲不通的。

好的禅品，不需要过多解释，我们要做到这一点。

我问工厂的配方研发工程师，怎样才能调和掉这种"异味"，他们说是很难的，难在哪里？不是调不出来合适的味道，而是"依着葫芦画瓢"画习惯了，调和需要什么？需要的是切实、真正地研发。

关于这一点，大家也不希望我搬出像学术报告似的通篇大论，其实包括我本人，对于具体的药剂如何搭配能够达到既定的气味指标，这一块儿也是不懂的，如果连这个也懂了，岂不抢了配方研发工程师的饭碗？闻，挨个儿闻，嗅觉我们可都是具备的，天天闻药剂的感觉可不是好受的。当你闻到一定的程度，甚至无法分辨好坏了，因为人的嗅觉神经总会有一个荷载值，闻多了，超了标和失灵没什么区别。有一段时间我甚至感觉吃饭都没了味道。

禅品最终上线，可算是松了一口气，第自然二期禅品的研发，看来真的需要配备一位专业的味觉大师来做这件事。

前面提到过主成分的筛选，不怕跑断腿，就怕怀着激动的心情去了一座城，却发现当地人都不清楚有这种植物，怪罪污染无济于事，就算我把环境污染问题骂个灰飞烟灭，它能带给我所需要的原生态的植物吗？肯定不能，所以说，不学会劝自己，寸步难行。

最令我感到失望的是，一些厂家标榜着某产地的提取物有多好多好，我明明已经到了他们说的那个地址，明明发现压根儿没有这种植物，它们还一个劲儿地吹嘘，看着仓库里那一袋袋、一桶桶"植物提取物"，心里莫名地感到悲哀，话不多说，不和你合作就是了！

关于植物成分，从何说起？那就从地图开讲。

事先声明一点，我为什么要坚持为了一种一种的成分去跑？作秀？坦诚地讲，我不是一个对化妆品研究了几十年的"老司机"，有时喜欢和小河君开玩笑，说我们是"刘邦主义"，一群"亡命之徒"什么都不怕，一群"草班子"什么都不懂，但我们一定要向刘邦学习，向陈胜、吴广的"王侯将相，宁有种乎"学习，难道国外的化妆品品牌天生就是"王侯将相"吗？所以，这些跑动，纯粹是为了学习、学习、再学习，况且，连我都不清楚主成分长什么样儿，我们凭什么让消费者清楚？

去云南看了两样东西，一个是白芸豆，一个是三七。

白芸豆，其生物学学名叫多花菜豆，吃过吗？因花色多样而得名。属豆科，蝶形花亚科，菜豆族菜豆属。

白芸豆原产于美洲的墨西哥和阿根廷，外来物种，后经人工栽培驯化，已适应冷凉潮湿的高原地带。种植面积较大的国家有美洲的阿根廷、美国、墨西哥，欧洲的英国，亚洲的中国、日本等。我国在 16 世纪末才开始引种栽培。现在中国的各个省区均有种植，种植面积较大的省份有云南、贵州、四川等，其中云南的大理、丽江、兰坪等地种植面积较大。

白芸豆是丽江传统的豆科作物。当今，随着白芸豆出口创汇的增加，丽江广大山区把白芸豆作为山区脱贫致富的一项重要产业来抓，丽江已成为中国白芸豆出口的产业基地之一。仅丽江黎明、鲁甸两乡年产量就达4000多吨。丽江白芸豆主要产自丽江西部的太安、鲁甸、巨甸、黎明等高寒山区，由于水土好、无污染，丽江白芸豆不但品质好，而且颗粒饱满、色泽光亮，是制作豆沙、豆馅、豆酥及高档糖果、豆粉、豆奶的上等原料和出口创汇的抢手货。

我们中国人的习惯，就是无论什么动植物，都是先讲好不好吃，绝对"吃货大国"，好，那我们就拿它来做一款内调禅品，内调哪一方面？由内而外的形之美。

白芸豆里面富含α-淀粉酶抑制剂和膳食纤维，能有效阻断高淀粉类食物（米饭、面食、杂粮及相关零食和糕点）中淀粉的分解，阻断大部分淀粉热量的摄取，减少人体最大的脂肪摄取来源。简单地说，就是任性去吃，不长肉。餐前食用，可阻断80%的热量摄取（不影响其他营养物质的吸收，这点很重要）。可以有效配合塑形者的饮食治疗，使他们饭吃饱、消除饥饿感，餐后体重不增。而且白芸豆精华中α-淀粉酶抑制剂经胃肠道排出体外，不必经过血液循环，不作用于大脑神经中枢，食用后不腹泻、不乏力、不厌食、体重不反弹，完全符合世界卫生组织规定的减肥原则。

只一味地拿白芸豆做菜，未免太可惜了，所以，吃和美食是有很大区别的。

这是我们的小河君写出的《林下飞燕－白芸豆－固体饮料》禅品说明：

燕在何处居？

仰檐不见飞啄泥

燕在何处嬉？

入林不见低踪迹

林下飞燕

轻快拂水间，傍檐如有意

要怎么来解释这首小诗呢？我觉得完全没必要解释，如禅如你，心领神会。邵老接稿设计盒体时，也是什么也没问，微微一笑，这就是默契，与以往不同的是，邵老的思路先钻进了盒内，"竖长磨砂小袋包装，意舒畅；左右对称逐条平铺展开禅品，意有序；中间凸起，防止运输挤压对禅品伤害，意中坚；覆以半透烫金印制纸，合盖；整体书型树纹盒，意淑雅，三块飞燕图区分分明，就是这样的"。

然而，还没来得及庆贺一款禅品的诞生，问题马上接踵而至——不符合保健食饮品管理规定，心凉个半透，查阅相关包装管理资料，一堆堆、一摞摞，后来才发现，只要去掉我们所有的禅文禅设计，那就基本符合了，符合后成了什么样子？和商超里面的各类大保健食饮品一模一样，大家可以想象，那种蓝盒的、黄盒的跟太空包装品似的。

这事不行，不能妥协！

整整一星期，单单这一款禅品，我们咬文嚼字，我们一毫米一毫米切图换图，申请打回再打回，本来打回时是需要给几十个字的驳回理由的，后来几十个字变成十几个字，再变成几个字，最终驳回文件上，只剩"驳回"两个字。

哈哈哈，苦笑，继续坚持。

我们的申请明细，逐渐由几十个字增加到几百个字，再到几千个字。

没有最后一次尝试，只有再试试，试来试去，终于一天下午，我们收到申请文件，也是只有两个字：通过。

接着讲三七的故事，或者说"事故"。

三七，是一种传统的中药，主产于云南文山州，故名文山三七，又名文州三七，为五加科植物三七的干燥根和根茎。秋季花开前采挖、洗净，分开主根、支根及根茎，干燥。支根习称"筋条"，根茎习称"剪口"。说到这儿可能有人会问，三七是不是就是田七？若说两者的区别，只有一点，那就是有的人拿去做了牙膏，有的人拿去做了护肤品，仅此而已。

三七，为五加科人参属植物，是中国特有的名贵中药材，也是我国最早的药食同源植物之一（好吧，又牵扯到了吃）。

在祖国西南边陲文山壮族苗族自治州的深山密林中，生长着一种"春苗如翠，秋实似火"的神草。关于这种神草，千百年来一直传诵着许许多多神奇的故事：猎手不慎坠崖骨折，他们将一种野草嚼烂敷于出血处，伤口就如漆黏物一样被封住了，出血停止，猎人居然能拄着猎枪步行回家；石匠砸伤脚掌，疼痛难忍，将神草捶烂包扎于伤处，马上止血止痛；产妇血崩，生命垂危，一把神草就将其从死神手中夺回。这种神草苗族的祖先将其叫作"山漆"，其神奇的功效在民间代代相传，因"山漆"与"三七"谐音，在流传中便被记作"三七"。

三七自古以来就被公认为具有显著的活血化瘀、消肿定痛功效，具有"金不换""南国神草"之美誉。因枝分三枝，为七片，故称为"三七"，又名田七、金不换等。古时亦称昭参、血参、人参三七、田三七、山漆、三七参等。因常在春冬两季采挖，又分为"春七"和"冬七"。由于三七同为人参属植物，而它所含有效活性物质又高于人参，又被现代中药药物学家称为"参中之王"。

三七起源于2.5亿年前第三纪古热带的残余植物。三七对生长的环境条件有特殊要求，适宜于冬暖夏凉的气候，不耐严寒与酷热，喜半阴和潮湿的生态环境。故其分布范围仅局限于我国西南部海拔1500～1800米，北纬23.5°附近的狭窄地带，包括云南省文山州和广西与文山交界的几个地方。

据有关文献记载，三七作为药物使用历史已有近 600 年，栽培历史近 500 年。

第一眼看到这种神草时，我只能说自己完全没反应过来，好普通！然而，越是普通的、不起眼的植草，往往越"低调有内涵"，经与实验室讨论，我们决定尝试用其做禅面初见分肤系列的六号主成分——确实是"禅面初见"，第一次尝试，自然少不了各种"胎死腹中"的高危"事故"。

查阅三七功效资料，无论这个药材内服还是外敷，出现字眼最多的，往往是止血化瘀、消肿，这是针对各类病伤的，貌似与美容没有什么关系，然而事实并非如此。三七在美容焕貌上，同样是一位"低调有内涵"的高手。

清脂美白，渗透肌肤底层。清除多余脂肪、调理脉气、促进血液循环、让皮肤自然美白；祛皱养颜，能够去除皮肤瑕疵、焕发皮肤神采、调理脉气，使皮肤更完美无瑕；净白去斑，对因内分泌失调或晒后导致的晒斑、黑头、杂质沉淀等现象有特效；舒缓暗疮，能够促进肌肤血液循环，增强肌肤稀薄呼吸作用的同时预防暗疮再生……

故将此禅品，命名为三七新生释雪禅养面膜。

说好的"事故"在哪里？在实验室，如果没记错，这款禅品是第自然所有的禅品中，测试失败最多的一款。研发出来，一股怪怪的草药味道，颜色更是不堪入目，没人愿意敷着一张有奇异颜色、怪异味道的面膜。颜色、味道调和过后功效又严重下滑，有一种走到了死胡同的感觉。好吧，我们上次搞定外包装的"拙"劲儿又发挥了作用，"拙"到底吧，不就是一条死胡同吗？推倒面前的墙，推不倒就算是翻也要翻过去，不翻过去，怎么对得起墙后面美好的景象。

细心的朋友会发现，关于各类失败也好挫折也好，我基本上没有细细去谈。诉苦不适合我，让大家因某些"不着调"的讲述而感动也不适合我。既然做了，背后的一些心酸，它们的价值我想更多的还是使我更加坚定信念，事情做起来难，哭没用，畏手畏脚没用，到处诉说也没用，不如迎难而上，把微笑留给大家。

讲了两种成分、两个禅品，第自然一期上百款禅品挨个儿讲是不现实的，这两个禅品，津津乐道的更多是关于它们背后的故事。难的其实并非我做第自然遇到多少挫折，而是我们中国人自己，不去接受、不去肯定我们这些土生土长的植草。一方水土养一方人，把我们养大的这片山河，我们对它究竟有几分热爱和敬畏？

再来看一个很不起眼，但是大家颇为熟悉的叶子——山桑叶。

山桑叶，是桑科植物桑的干燥叶，是"蚕宝宝"的日常食物，不要问我能不能吃，你去问"蚕宝宝"。山桑叶又名家桑、荆桑、桑椹树、黄桑叶等，古代文人墨客留下的诸多关于桑叶的佳句，例如岑参的"芃芃麦苗长，蔼蔼桑叶肥"，陈与义的"柏树解说法，桑叶能通禅"，王维的"雉雊麦苗秀，蚕眠桑叶稀"等。

我国南北各地广泛种植桑树，桑叶产量还是相当高的。山桑叶完整叶片呈宽卵形，长约15厘米，宽约10厘米，叶柄长约4厘米，叶片基部呈心脏形，顶端微尖，边缘有锯齿，叶脉密生白柔毛。老叶较厚呈暗绿色。嫩叶较薄，黄绿色。质脆易断，握之扎手。气淡，味微苦涩。药用一般认为霜后采者质佳，霜后一般称作霜桑叶。

能不能吃？我来正面回答"吃货们"。2014年时，有人将桑叶的芽头做成了菜式，使桑叶有了食疗的价值。因桑叶的芽头营养价值丰富，而被大众喜爱，被现代人称为桑芽菜。又以南浔辑里村、国丝文化园的桑树芽最为出众，考虑到穿珠湾水的灌溉，其桑叶芽的微量元素比一般桑芽要高出很多。

浙江大学临床药理研究所曾开展过针对山桑叶价值的研究，经过4年的漫长实验和测试，证实桑叶具有类似于人参的补益和美容抗衰老作用。大家都知道人参属于热补品，吃多了会蹭蹭窜鼻血，而桑叶属于清补品，无忌限，无论老幼均可使用，且四季皆宜。

另外，桑叶中所含的槲皮素、酚类化合物、维生素C等成分，能通过抑制或清除自由基来防止人体氧化损伤。桑叶具有类似人参的补益与抗衰老、稳定神经系统功能的作用，能缓解生理变化引起的情绪激动，提高体内超氧化物歧化酶的活性，阻止体内有害物质的产生，减少或消除已经产生并积滞于体内的脂褐质。

上面这一段文字有些偏学术了，简而言之，抗衰老，祛黄焕颜。山桑叶具备良好的皮肤美容作用，特别是对脸部的痤疮、褐色斑有比较好的疗效。

痤疮，俗称粉刺，是常见于青年人群中的一种炎症性皮肤病。除了皇宫里的"公公"外，年轻人应该多多少少都有"青春痘"的，为什么会起痘痘呢？性激素飙升只是开端，男女青年进入青春发育期后，体内性激素水平增高，促使皮脂腺增生肥大，皮脂腺的增生最终导致粉刺的暴发，皮脂腺分泌物急剧暴增，导致皮脂淤积，堵塞了毛囊口，增多的皮脂不能及时排出就形成了痤疮。痤疮的产生，虽然主要是由于青春期内分泌改变，雄性激素相对雌性激素分泌量增多而引起。但是，高脂肪、高糖饮食、长期便秘等是诱发痤疮的重要原因。中医认为，过食油腻、辛辣食物，脾胃积热生湿，外邪侵犯皮肤则生痤疮，更甚者则是各类毒素常年淤积导致斑点。

第自然第一期禅品中，先推出的是外养类，二期中山桑叶内调品还在研发中，请大家拭目以待。

　　肤负多苦闷，对镜叹斑愁

　　山路走三日，见仏问缘由

　　仏容笑不语，遥指白云头

　　天清云则淡，云淡天不知

　　仏容问路

　　时时示时人，时人自不识

　　万法何殊心何异？何劳更用寻经义

小河君对山桑叶似乎情有独钟，他给我大概地解释了关于山桑叶禅品的构思：

一位年近 50 岁的女子，肌肤问题越来越多，甚感苦闷，尤其当她对着镜子看到日渐凸显的斑点时，更是愁眉不展，听闻山中有一神佛，于是前去求取永葆年轻之方，沿着小路足足走了三天三夜，终于见到仏（佛），问佛："我怎么冒出来这么多斑点？"佛面带微笑，笑而不语指了指天空中的云："天清云则淡，云淡天不知。天空晴朗之时，云是几乎没有的，我们看到风轻云淡时的心情是很愉悦的，但天不知道自己的晴朗和云有什么关系，你拿着答案来问我，叫我如何回答？"

中国美就在你我心中，难的是开心见美。

关于我们的这款禅品，我们还赋予其额外的一层意义，那便是敬老。小河君专门挑了一篇文字，恳请放在我们的这本书中，并作为本节的结尾。

九月九·老人优

"九月九日，佩茱萸，食蓬饵，饮菊花酒，云令人长寿。"

——汉·《西京杂记》

霜寒乍到，深秋虽至
阳光不减和绚
依旧暖暖
树影婆娑晃动间
总能带起些许有温度的回忆

想起庭院里
那棵老山桑，还有那位老人家
桑叶油油、老人优悠

来去奔波

十余载

树下老人

目光迎我喜，目光送我忧

喜我归来落榇时

老人家手里总是拿着布袋

布袋里满是紫色桑椹

摘取得仔细

颗颗晶莹，完好无损

忧我远行起早时

话复再三、挥手番番

不敢回头，一个回头，老人家就得多站一炷香

所以，往前走吧

龙应台说过一句话

所谓父女母子一场

只不过意味着

你和他的缘分就是，今生今世不断地在目送彼此的背影

渐行渐远

老人家终会走

有一天

我们也会站在山桑树下目"送"他们

九月九，老人优

"佩茱萸，食蓬饵，饮菊花酒，云令人长寿"

老人长寿，子女当求

老人"长美"，子女也当求

医著《保生要录》中所载山桑叶

可"驻容颜，乌髭发"

桑叶富含黄酮甙、酚类、氨基酸、槲皮素、有机酸

对抑制色素沉着、清除斑下毒均有积极作用

采撷饱露山桑叶

捣碎成泥，压绞桑汁

辅科技方法制成美容佳品

九月九

一起

送给我们的老人家

品牌模式识别："你为谁而活"

我认识一个作家朋友，准备写这本书时我去找过他，那时的目的只有一个：我来口述，让他帮我写。因为我觉得"写"这个词，永远不会出现在我的字典里。

我是那种讲起话来滔滔不绝的人，让我写，感觉太难了。前年我在北大讲培训课，听过我讲微营销的人不夸张地说至少也得有一两万人，那时天天讲，讲不停讲不完，后来爱人说"你得给自己总结一下，尝试着出本书"。

结果呢？拿起笔写出五个字，可心里想说的话早已经冒出来五六十句了，没办法，用录音机，先讲，讲完了再整理，我、爱人还有一位同事三个人就反反复复地记录和整理，就这样跟跟跄跄地"写"了自己人生的第一本书——《步步微赢》。

然后我就打死也不想再捏笔杆子了。

找到这位朋友后，他直接就拒绝了，再怎么软磨硬泡他也不答应。我问为什么？他反问我一个问题："你觉得一位作家，会爱上自己写出来的人吗？"

见我愣住了，他给我讲了一个神话故事。

皮格马利翁是希腊神话中的塞浦路斯国国王，这个人非常善于雕刻，而且技艺高超。但是呢，他不喜欢塞浦路斯的凡间女子，于是决定永不结婚。他用自己神奇的技艺，雕刻了一座美丽的象牙少女像，在夜以继日的雕刻中，皮格马利翁把全部的精力、全部的热情、全部的爱恋都赋予了这座雕像。当这座象牙少女像完全呈现在他面前时，他疯狂地爱上了这个雕塑，他像对待自己的妻子那样疼爱她、装扮她，还为她起了个名字——加拉泰亚，并向神乞求让她成为自己的妻子。爱神阿芙洛狄忒被他的精神打动，赐予雕像生命，并让他们结为了夫妻。

朋友见我有所思，便继续补充道："我拒绝你有两个原因，如果听完这两个原因你还执意要我写，那我就帮你写。第一个原因，第自然是你雕刻出来的'女人'，你也会像皮格马利翁那样热爱你的第自然对吧？你能造就一个国货品牌，也能把她写出来，我可以写，但写出来的只会是一个我理解的仿品，你能接受仿品吗？第二个原因，写书源于生活，高于生活，还要回归生活，更多的是通过一定的场景、情节去构思，去虚实结合。同样一本书，我的回归是表达真、善、美。你呢？你甚至不需要任何过多的言辞，你的回归和我不一样，是什么？我想你内心自有答案。"

作家就是作家，听君一席话胜喝朋友圈一百碗心灵鸡汤。我捏起笔杆，丢掉录音机，写！写完1000字，就让小河君校对一下，我不是在构思什么惊鸿大作，没语病就行，大家读起来通顺自然就行。

写着写着就发现，其实"难"只是一种表象，这些"难"需要一个克服内心恐惧的过程。很大程度上，"难"源于内心无限放大的恐惧和自我保护形成的抵制。解开心结后，会发现许多难以逾越的坎儿，其实都是自己吓唬自己、自己否定自己。比如从一开始勾勒新国货第自然时，我就觉得根本不可能实现，国外品牌的强势打压，哪还有人理你的国货，哪还有志同道合者一起踏踏实实做实业，太难了！

那我是怎样翻过这道"死亡谷"的呢？就拿我们第自然店内的体验区

来说，一开始，体验区只是一个概念，如何设计才能让消费者感觉更舒适？空间如何装点才能更加贴近自然？整体效果如何传达出顺其自然的禅意？体验区如何衔接线上并使我们的"互联网＋家"落地？禅品的品质通过"互联网＋"以怎样的标准倒逼形式？

这些问题，给我答案的还是禅，创造一个从来没有过的美好，无处下手时，请静下心来，请冥想。

在前面的章节，我提到一堆冥想出来的"假如"。

假如有个地方，"我"逛街逛累了，既能得到休息又能及时调理肌肤、"放松身心"，那该有多好！

假如……

每一个"假如"是怎么冥想出来的呢？是我一个人冥想出来的吗？回答这个问题就牵扯到到底是全盘照搬设计师的想法，还是完全服从民众需要的难题。习惯于中庸思想的我们肯定会给出一个相互结合的折中答案。抱歉，这种"站着说话不腰疼"的答案没有任何意义，比如，相互结合，怎么相互结合？结合到一种什么样的程度？有没有一种标准？想着想着你就会发现自己掉进了一个无限循环的逻辑之中，纸上谈兵得出来的方案，即便阅读了"十万＋"次，也只是一个乌托邦。

我是这么做的：

第一步：先来 5000 份调查问卷。

这份问卷上只有一个问题：如果中国出现一个禅养护肤产品，你有没有兴趣和我一起把它做成我们自己民族的强大护肤品品牌？回答"有"或者"没有"，给出简短的理由，留下手机号，完成填写，奖励 5 元现金。

发下去，无论阴天下雨还是节假日，无论在拥挤的地铁还是悠闲的咖啡厅，我要看到任何状况下民众的回答。

你可以想象我们当时的状态，揣着一大兜零钱，有时还被偷，汗衫湿透了而问卷没有一点水渍，暴雨倾盆而问卷干爽无比，自己被挤到脸贴玻璃窗而问卷没有褶皱……这段描述到此为止，你可以继续想象。

通过这次随机问卷的"交流"，我们发现答案出现了惊人的高相似度，回答了"有"的多还是回答"没有"的多并不重要，大家最感兴趣的是怎样禅养？大家一致肯定的当然是希望中国有自己的得意品牌。

好，我们的出发点对了，这就实现了一个结合。

第二步：打电话，怎样的一种化妆品品牌，一想到便是恶心的？一分钟奖励5毛钱，聊。

第三步：剔除掉所有的"恶心"，我们逐渐有了思路，包括我们的单品牌专卖店模式等都是在这个时候靠这些资料形成的。

有些人可能嗤之以鼻，这三步也太老套了吧？用大数据啊，用专业智研啊，你发的红包足够请一个专业的团队作调研了，但是我觉得，简单一点儿好，有时把"皮格马利翁之刀"亲手交给民众比较好，接地气。前面也说过了，我们是"草芥莽夫刘邦派"，太正规了，反而浑身难受。

若真的实现这些总结出来的"假如"，是相当困难的，但是就像皮格马利翁拿着刻刀望着顽石，就像梓庆造镰"形躯至矣"，我们心中有了轮廓，剩下的，就是一点点造就出第自然。

反观中华人民共和国成立以来的化妆品史，在护肤品单品牌专卖店模式出现以前，几乎不存在一个既能放松"身"又能放松"心"的地方，前期出现过的洗化大杂烩专营店，在2000年尝试过在店内构建体验区，不过慢慢地也演化成了一种纯销售性质的工具，什么意思？就是基本上只要顾客往那儿一坐或者一躺，这笔交易就尘埃落定了，所以在顾客心里就出现了一种"绕道而行"的恐惧心理。每一个洗化老板都很愁的，做这么一块儿体验区，大大的座椅、桌子等，是要浪费相当大的销售空间的，做了以后顾客逐渐又对其产生了防备心理，"偷鸡不成蚀把米"的滋味不好受。再到后来出现的单品牌专柜，包括现在商场内一抓一大把的各类大小单品牌专柜，你会看到各种各样的免费体验面膜、免费体验按摩，但始终没有跳出洗化店体验模式的怪圈。更有甚者，将超级大的"免费"两个字直接印在店门口，恨不得拉着顾客证明自己的清白："我们确实是免费的!"

我是这么做的：体验，既然是"身心放松"，不能只是皮肤的体验，还有抚慰心灵，这是一个原则问题，都在喊"身心放松"，难不成往那儿一坐，一张面膜拍脸上，就是放松了？就是体验了？

灵感往往产生于生活点滴中。一次去上海出差，去之前，已经连续三天睡眠未超过五小时了。去高铁的路上几乎是"飞奔"的速度，还好这辆跟随我多年的奔驰抗折腾，换作是一匹马估计早已经累趴下了。由于杂事太多，以至于上车就开工，笔记本电脑、平板电脑、手机一字摆开，图纸、笔记本一字摆开，看得邻座老外瞪大了眼睛不得不换座到了一旁。个人比较喜欢听着音乐，跟随列车高速节奏天马行空，而这次却出现了一个小意外。

自己也记不清什么时候睡着了，总之醒来时，浑身有一种难以言状的舒适感，累当然是累了一些，但之前从未在毫无准备的情况下睡着，关键是醒来时手里还握着笔呈写字的姿势。

好吧，那位主动让座于我的外国朋友，脸上的表情可想而知。

翻看了一下随机播放清单，找到原因了。

是一首记不清什么时候下载的心理催眠音乐，这激发了我的灵感，这种舒心的感觉怎样分享给顾客呢？我们可以想象一下，喧闹的商场内，偶遇一处僻静之地，坐下来没多久，悄然入睡，自然醒来，无比舒适……

于是脑海里体验区的场景里，又多了一副耳麦。

论证考究，考究论证，反反复复，我们第自然的现场心理疗法逐渐浮出水面。

这里面有几个棘手的难点。

什么样的音乐？什么样的心理引导词？

这可不是胡编乱造一通就能实现的，所以我们的独白稿件，就否定掉了130多次，前100次纯属胡编乱造，后30多次找心理专家，找各类电台主持人改，一遍又一遍地修改，不断逼近预期效果。过程，不再细讲。

小河君有时会调侃说："我们有种做音乐人出歌的感觉了。"最逗的是大胖猛，"体积"如此庞大，带着小耳麦，双手合抱放胸口，闭眼紧皱眉头，一副呆萌的样子认真校对音乐，再难再苦，我们也会苦中作乐一番。

摘抄一小段，有兴趣可以去店里听一下。

> ……现在，对肌肤不舒适的位置，有了一定了解，虽然不太清晰，但是已经感觉到大致的轮廓了，你看到，某些部位有些东西带有颜色，其他部位虽然没有什么具体的东西，但也有些乌黑不洁。

> 你知道，因为你的身体累了，就像汽车，走了太多路，需要清洗了……

深睡还是浅睡？商场如此嘈杂，无法"入境"怎么办？

这是个很头疼的问题，也是一个心理学问题。让一个完全陌生的人，去接受以适度放松为目的的催眠，他就存在一个防备心态，更别说商场内人来人往，即便"入睡"，其间若突然被惊醒，会不会适得其反导致大量商业投诉，况且，关于深睡还是浅睡也不是一拍脑袋就决定的。如果出现中间被打断的事情，滑向深睡状态中的顾客会受到惊吓——双深，状态投入越深，惊吓程度越深，这可不是开玩笑的！

感觉这一步走不过去了，真的是没办法了，怎么办？

问心理医生，给不出一个所以然，一群人耷拉着脑袋。

既然团队比较累了，那就一块儿去放松一下吧，全团队人员购票飞去看一场佛展。

佛展地点在山东兖州，这事倒是很有意思的。了解山东的人肯定知道济宁是儒家文明发祥地，而这个号称"一塔百舍利"的兖州居然距离发祥核心地曲阜仅仅不到15千米。

佛展过后去拜禅师，简单概述一下最近遇到的这件"烦心事"。禅师说："我也没办法帮你的，答案在你心中。颠簸的火车、随时的到站提醒，有这些（因素）你都可以睡得那么香，你何必忧虑其他人呢？"

恍然大悟，喧闹嘈杂不是任何被打扰的借口，无论在火车上还是在商场里，喧闹的根本是一样的，向往宁静的潜意识自然会入境。又找来心理专家，设定了一些语音"安全保障"，比如："你能听到，周围有各种各样的声音"等，经测试调整后，果然解决掉了这个难题。

多长时间恰到好处？结尾如何控制？

这两个问题牵扯到一个现实服务率问题。不可能让下一位顾客要等很久很久才能体验，也不可能为了压缩时间而降低放松效果，也不可能让店员一直在旁边计算着时间，更不可能用闹钟惊醒顾客。那怎么才能一目了然地去控制时间呢？没想到的是，爱人拿出了我曾经送给她的一个沙漏，好吧，不得不承认这个难题瞬间解决了，21分钟，满足听禅入眠的渐进渐出的时间要求，选购一批计时21分钟的沙漏，沙子颜色选浅蓝色，这样店员可以看到，顾客看到此色也不会引起烦躁。

假如有个地方，能专门让"我"系统地"体验"一下产品到底好不好用，而不是仅凭简单的试用装和视觉判断，以及抹去烦人的导购推销，该有多好！

当我们的第一个"假如"大致落地时，第二个"假如"便当头一棒打在了我的头上。导购推销宣传，这个问题不大，我本人也是极其厌恶黏人的促销的，所以一道死命令便形成了——即便这家分店濒临倒闭，也绝不允许任何店员以任何借口主动向顾客推销，仅在顾客有疑问时，方可根据顾客的需求进行禅品的介绍。这不是冷漠，这是给每一位顾客一个自由选择禅品的机会，关于赚钱，谁不想赚？但基于对顾客的不尊重赚来的钱，宁可不要，宁可损失。

这一个"假如"的难点在于系统的体验，是一项庞大的工程。第自然已经上市的第一季禅品就多达100余种，即便我们的体验区规划的面积超过了店铺总面积的一半，实现系统的使用也是难度颇高。单单这些瓶体的安全存放就令人头疼，在体验桌中间位置加高并做成盛放区，然后呢？以我们最大的体验桌长3.6米，宽0.9米来看，上百个玻璃瓶集中在一块儿，当体验人数达5人以上时大麻烦就来了，误碰摔碎是常事，但这带给顾客的感受将是什么？极差！直接把我们做的所有有关"放松身心"的工作全部抹掉，谁愿意待在一个随时都会变得嘈杂的地方"放松身心"呢？

后来我们想到了托盘，通过托盘降低摔碎的风险，并统一规定，所有禅品的取还均由店员负责，这样也能带给顾客良好的服务印象。好是好，问题又来了，使用托盘扩大了使用面积，放不开！托盘材质更是问题，玻璃瓶底容易在盘内打滑，即便已经采用磨砂技术依旧打滑，定制的厂家说做不了，这就难办了。也好办！每人一张砂纸、一个锉刀、一个酒精灯，几个人硬是给盘底造出了软绒质感的表层，拿着"标准"讲给厂家听，厂家只问了一句："这个专利技术从哪儿学的？"

再说一个体验区"活水"的问题。初期合作伙伴给出的方案是大桶灌装，抬高引水，废水再回收至另一个大桶，这个方案当场就被否定掉了。原因很简单，死水一桶，无法确保顾客肌肤的安全！那就牵扯到了上下活水的问题，如果你了解商场规则，那你一定知道关于商场与门店的引水规则，95%以上的商场是不允许接入活水的，破坏地面等各种各样的理由归纳起来一句话：就是不行！

逐个击破，破坏地面？没问题，我们向上走，接水管道一律"壁虎爬"，最困难的是左邻右舍的不配合，即便我们保证因施工问题造成装饰破坏一律原样做好，不答应的也是一大片。有时简单粗暴最奏效，请客吃饭给"损失费"，办法总比困难多。相对而言，上水还是好解决，下水怎么办？有下水出口那是烧高香了，没有下水出口，真的只能用水桶来处理了。

假如有一个"档案"……

假如有个"移动"数据云……

假如有一个品牌……

这三个"假如"，是我建立第自然"互联网＋家"的核心出发点，也是联结线下体验区和线上服务的出发点，当全中国都在讲"互联网＋"时，我们往往更容易流于形式，而没有做到切实地从消费者的根本利益出发，如今就连三岁小孩都知道"互联网＋"，但三十岁的大人搞不懂到底什么是"互联网＋"的也是一抓一大把。不懂没问题，但明明不懂却靠着"互联网＋"这个神奇的名词到处敛财那就太可耻了。

工厂相对于我（品牌商）来讲，他们是供给侧；相对于千千万万的消费者而言，我是供给侧。怎样实现我们这条链的供给侧改革？需要的就是"互联网＋家"。

和金蝶国际软件集团合作研发出了一个适用于第自然"互联网＋家"模式的系统，了解ERP（Enterprise Resource Planning，企业资源计划）的人都清楚，传统的ERP仅限于生产资源计划、制造、财务、销售、采购等环节，还有质量管理、实验室管理、业务流程管理、产品数据管理、存货管理、分销与运输管理、人力资源管理和定期报告。毫无疑问，这些功能的服务核心是工厂，简单地说，把产品做好，至于这件产品卖出后的情况，它就不管了，ERP就是这样一个存在于成千上万制造业中的闭环"大神"。

很显然，这和互联网连接一切的基本定义是冲突的，为什么不能把这件产品抵达消费者手中之后——这个更为重要的环节串联起来？

在合作的厂家那里，我曾经拿着一份测试小样问过这样一个问题："产品为什么做成这样？（颜色、成分比例、功效等）"，先问了车间的一名工人，工人说，"（车间）主任就是这么要求的，我只是赚钱，其他的不知道"。然后我问车间主任，车间主任说："作业指导书就是这么要求的。"我又问技术研发部的领导，"这是经过我们实验室研发配制出来的"。我又问实验室的人："（产品）这样配制，客户满意吗？"然后我又追加了一个问题："来这儿和你面对面交流的客户多吗？"实验室的人回答："你是第一个吧，很多都是我们的销售代表拿着客户的要求过来。"

然后我又去找他们的销售经理，同样的问题，他似乎每次见到我都是蛮紧张的，这次一问更慌了："您不满意？"我说："你不用紧张，我满意，但是，你从来没怀疑过按我的要求做有什么不妥的地方吗？"

他苦笑一番："我只懂销售和确保您满意，您说的要求，我会传达给相关技术研发部门，但是我真的不懂那些啊（配方研制、生产）。"

我看着手里的测试小样，给了自己一个明确的态度：这是我要的效果，但从某种程度上来讲，不一定是每一位消费者想要的，即便我们做了近七个月的产品调研，如果把我这个角色排除在外，我想那种直接面对消费者的厂家生产出来的产品，一样存在这种问题。"

明确的分工、按部就班的生产，这是没问题的。无论中国生产管理模式还是国外生产管理模式，无论是金蝶企业系统还是其他更强的管理系统都应如此。

其实所有的参与角色、所有的环节，只有两个重点：一个是消费者，另一个是配方研发者。一个明确知道自己要什么，一个明确知道自己会做什么，其余角色的作用都是在传达。

那么我就想到了把这两个点扁平连接起来，这只是"互联网＋家"的第一步，我喜欢称之为"前半身"的缝合。

找到金蝶，正好也在做 K3Cloud 企业管理服务平台（侧重于零售端），量身定做了我们第自然门店零售管理系统，除了最为基本的零售功能，我要求建立客户肤质档案以及云存储，并和第自然产品合作厂家的闭环 ERP 进行对接，好比我在小吃街吃一碗酸辣粉，放多少辣、放多少醋、放什么菜直接告诉师傅，这样做出来才好吃，而不是通过十几个甚至几十个不相干的人的传话来完成。

这只是一个单向的关于我要什么的准确传达，至于做出来是不是真正符合我的"口味"，这是第二步——"后半身"的缝合，也是我要建立的新角色"禅养护肤导师"。

国内众多护肤品牌，无论舶来品还是国妆品牌，目前还没有带给消费者这样的一种服务，这个服务不难理解，或许你就曾想象过：免费的护肤导师即时咨询、免费的终身肌肤档案云存储、我 18 岁时的肌肤是怎样的、我 23 岁时的肌肤是怎样的、我 58 岁时的肌肤是怎样的，我目前肌肤整体状态的评分……

"后半身"的缝合，是一项极其浩大、系统的工程，这已经不是难不难的问题，而是一种对于坚持三年、五年、十年是否会忘记初心的考验！

相对于消费者，我这个"品牌商"要做的这种自发"供给侧改革"，目前的进展只是万里长征的第一步，不过我对这一切很乐观，因为，有千千万万个"你"的支持。

第五章

「蜀道难，第自然没说难」

第自然品牌理念识别：禅即自然而然

.

"坚持初心难，不坚持初心，将会更难。"

我一直都是这样认为的。

前面提到过禅品的包装设计，圆形方案只是一个结果，关于包装，我们干过"不然则已"的事儿。

其实在圆形方案之前，我们已经有一套完全成熟的方形盒落地方案。成熟到什么程度？下单马上就可以开做，而且当时和厂家的备料合同都签完了，十几种样品盒也确认完毕。按照既定的"标准倒逼"原则，我带着团队一起去"前线"监督生产过程，然而就在途中发生的一个小意外，让我们终止了方形盒方案，而宁愿亏损高达近 80 万元的投入。

当时一行人中途休息就餐，下了高速后进入一个小县城，随行的邵老在吃上比较讲究，他早已了解到此处有一特色小吃，于是我们便围着小县城里东转西转，找来找去终于找到一家邵老心中构想的"摊儿"。

那就在此处吃吧。

掌柜的后厨颠勺，老板娘前柜招待。老板娘看样子 30 岁上下，身后总黏着一个小孩子，3 岁左右的样子，看来是一家夫妻小店，其乐融融，挺好。

事儿就出在这孩子身上。

孩子小爱哭闹是常事，非要妈妈的手机玩游戏，忙得七上八下的老板娘哪有时间理会这"熊孩子"，顺手把柜台上的手机盒塞给了孩子，刮了一下孩子的鼻子说："拿去吧，手机就在盒子里，你打开就玩，打不开不能说妈妈不给你手机。"

小孩子嘛，肯定就相信了，实际上应该是老板娘新买的手机，舍不得给孩子玩，故意拿手机盒应付孩子。

苹果 6S Plus 自然尺寸大一些，孩子双手抱着手机盒在那儿低着头研究，还不忘跟在妈妈身后，大家都知道苹果的包装设计是出了名的棱角分明，孩子一个跟跄摔倒在地，头正好磕在了盒子的棱角之上。

饭也没吃着，帮着忙送到医院，还好问题不大，只是磕破了点皮儿。

不过，感觉这样不行啊。

如果我们仅出于美观的考虑，只考虑去征服无数大人的心，这也是失败的，这不是禅。

失败在何处？这不是一种自然而然的设计观，消费者使用的岂止是第自然的一件禅品，更是一种乐活自然、和谐自然的生活方式。触摸每一件禅品的，也不仅仅是爱美的女士，还有其背后的家庭成员，包括年幼的孩子。

如果有一天孩子长大了，回忆起儿时的一件"头破血流"的事儿，我希望这不是第自然禅品外包装导致的灰色记忆。而且，假如第自然有幸真的成为了我们中国的"老字号"品牌，那么这位长大了的孩子，因为我们的包装留下不好的童年回忆，换作是你，你会购买一件曾带给你心理阴影的禅品吗？

答案肯定是不可能的。

不行！禅品外包装得换！

世界上没有绝对的对和错。换装事件，并非恶意指责某些品牌，也许有一天，我们也开始使用棱角方形盒，但请相信，我们一定是经过周密的测试和实验改良，才决定换装的。

"不忘初心、继续前进"，这是习总书记说过的一句名言，戴尔·卡耐基在其著作《人性的弱点》中也提到过："人不是因为没有信念而失败，而是因为不能把信念化成行动，并且坚持到底。"大道理大家都懂，可依旧发现自己过得无比艰难，有些"难"是必定的，有些"难"是因忘记初心、迷失方向，所以是自找的。

第自然的初心是什么？

我们有好多诠释，比如"美源禅养，美者自然""对美的追求，除了第一，还有第自然"，再比如"第自然，倡导自然而然的禅雅生活方式""第自然，追寻简单快乐的禅美胴肌体验"……而这些看似广告语的文字，凝结在一起便是我们的初心：真真切切做适合我们中国人自己肤质的化妆品品牌，探究一方水土，以由内而外的方式善待一方人，绽放我们中国人自己与生俱来的中国美。

怀揣初心做品牌、做实业、做事业，其实和读书的过程是一样的，我也经常分享读书"三境界"给团队。提到"三境界"，这里就要提到国学大师王国维了，王国维在《人间词话》中说："古今之成大事业、大学问者，必经过三种之境界：'昨夜西风凋碧树，独上高楼，望尽天涯路'。此第一境也。'衣带渐宽终不悔，为伊消得人憔悴。'此第二境也。'众里寻他千百度，蓦然回首，那人却在灯火阑珊处'。此第三境也。"

当然，这三句话我们从小到大或多或少都听过，然而真正静下心来去理解这三句话的人却少之又少，理解了这三句话其实也就意味着理解了怀揣初心的重要性，我们依次来看一下。

第一境界。

王国维的治学第一境界："昨夜西风凋碧树。独上高楼，望尽天涯路"，这句词出自北宋晏殊的《蝶恋花》，我语文不好，大体翻译一下：昨天夜里西风烈，凋零了原本绿葱之树，独自一人登上高楼，望尽那消失在天涯的道路。单看这一句不好理解，"望尽天涯路"后面还有一句，"欲寄彩笺兼尺素，山长水阔知何处？"——想给我的心上人寄一封信，但是高山连绵，碧水无尽，不知道我的心上人在何处。

我想把第自然做成完全符合中国人习惯的"国字号"品牌，可是具体要怎样去做呢？一脸茫然，难！

西风黄叶，山长水阔，案书何达？在王国维此句中解释成，做学问成大事业者，首先要有执着的追求，登高望远，瞰察路径，明确目标与方向。

所以说，此"知何处"之难，实则不难，我们要做的就是不停地"独上高楼，望尽天涯路"，紧紧守住初心，执着去追求，奋力登高望远去规划，明确方向与可执行的目标。

这样来看，前文提到的换掉整批方形盒包装，难吗？其实我比谁都缺资金，一分钱恨不得掰成三份花，换装这件事，只不过是在登高时被荆棘划破了皮而已，不能因为一点皮外伤就放弃，踏荆而过，路，需要继续走下去。

第二境界。

王国维的治学第二境界："衣带渐宽终不悔，为伊消得人憔悴。"引用的是北宋柳永《蝶恋花》的最后两句词，原词作者将爱的艰辛和爱的无悔表现得淋漓尽致。若把"伊"字理解为词人所追求的理想和毕生从事的事业，亦无不可。以此两句来比喻成大事业、做大学问者，不是轻而易举、随便可得的，必须坚定不移，经过一番辛勤劳作，废寝忘食，孜孜以求，任人瘦带宽也不后悔，笃力前行。

事业其实无大小之分，秉持初心认真执着去做，那便是大事业，即便失败也不会遗憾。此处我想省略掉"一千字"关于"衣带渐宽""人憔悴"的描述，和自己的"爱人"第自然秀恩爱不是我的专长，很多创业者都喜欢一把鼻涕一把泪地诉说自己有多累、多苦、多难，有多少月没有正儿八经地陪老婆孩子、陪爸妈吃顿饭。做事业是在做自己，做事业不是感动观众和评委一激动灯全亮的选秀。我没看见过皮格马利翁拿着刻刀边刻边向子民说自己这一刀有多累的记载，也没有看见过梓庆边哭边向鲁侯诉说自己有多不容易的记载。

浮躁的现代物质生活下，我们缺少"终不悔"的精神，而正因如此，我们创业者中的绝大多数都"死"在了第二境界。这种"死"绝非因其所做事业有多难，往往是忘记了自己的初心，初心不再，便沉沦于乱象折磨中，沉沦于地狱之难中。

第三境界。

王国维的治学第三境界说："众里寻他千百度，蓦然回首，那人却在灯火阑珊处。"他引用了南宋辛弃疾《青玉案》词中的最后一句。

梁启超称此词"自怜幽独，伤心人别有怀抱"。这是借词喻事，与文学赏析已无交涉。王国维已先自表明，"吾人可以无劳纠葛。"他以此词最后的一句为"境界"之第三，即最高境界。这虽不是辛弃疾的原意，但也可以引出悠远之意，做学问、成大事业者，要达到第三境界，必须有专注的精神，反复追寻、研究，下足功夫，自然会豁然贯通，有所发现，有所明觉，就能够从必然王国进入自由国度。

有时连我自己也在怀疑：我自己的所作所为，明明感觉是对的，所有的都是对的，为什么总是得不到预期的结果？难道这一切都是错的吗？这么一琢磨就容易自暴自弃了。

1952年7月4日清晨，加利福尼亚海岸下起了浓雾，类似于北京的雾霾吧，总之伸手不见五指，与此同时，在海岸以西33.8千米的卡塔林纳岛上，一个43岁的女人准备从太平洋游向加州海岸。

这名妇女叫费罗伦丝·查德威克，一位和我们"洪荒之力少女"——傅园慧同样的游泳健将。

33.8千米，冬天，伸手不见五指的大雾，43岁，貌似还有鲨鱼，可想而知——这一次如果成功了，她就是第一个游过卡塔林纳海峡的女性。这大早晨雾确实很大，海水冻得她身体发麻，她几乎看不到护送他的船。时间一小时一小时地过去，千千万万的人在电视上看着。在以往这类渡海游泳中，最大问题不是疲劳，而是刺骨的水温。然而这次，又出现新的问题了。

15 小时之后，她又累又冷，浑身冻得发麻，她知道自己不能再游了，就叫人拉她上船。她的母亲和教练在另一条船上，他们都告诉她海岸很近了，叫她不要放弃。但她朝加州海岸望去，除了浓雾什么也没看到。

她最终选择了放弃，即便海岸就在咫尺。后来她不假思索地对记者说："说实在的，我不是为自己找借口（洪荒之力我已经用过了），如果当时我能看见陆地，也许我能坚持下来，但是，什么也看不到！"

相信这个故事很多人已经听过了无数次，然后大家一致的结论就是：要持之以恒地相信自己，要持之以恒地相信目的地就在眼前，要持之以恒地抱有希望。

然而这些横看竖看都对的道理，往往都是废话。

因为什么？不是不懂道理——确实是"臣妾做不到"，没有那么强大的毅力。

与其"打鸡血"去喊口号，我觉得，还是研究一下我们的大脑活动方式比较靠谱。

此处不使用各种杏仁核（不是吃的核桃）、突触间隙神经递质 5－羟色胺等专业术语，太拗口。简而言之，我们的大脑其实是很懒甚至很"胆小"，有时也会很"孩子气"。脑内的一些功能模块负责"激励"你去做一件事，另外一些负责"验收"，还有一些模块负责控制降低危及生命的风险，说白了就是活命或者安全感。当我们要去做一件事时，负责安全感的模块便开始"撒娇"，并严格规定做这件事的条条框框，负责"验收"的模块接受到了这些条条框框，开始对每一个执行的结果进行"排查"，看是否达标，并传达给爱"撒娇"的模块，一旦这些"验收"结果触及条条框框，大脑便开始释放紧张不安情绪了，就像一条赖在地上死活不愿意走的狗，任你怎么呼唤都是白费功夫。

而且更要命的是，一旦你妥协了，就会发现许多原本简单的事情也会变得难起来。

不妥协？靠顽强的毅力？也不是很好的办法。

最好的办法，我认为便是目标分阶段实施并刺激性奖励。之前相当火的一句话，王健林说过的"给自己定一个小目标，比如先挣它一个亿"，这只是将"很难"变为"不难"的第一步，那便是有个能够达到的小目标；小目标有了，再开始第二步。第二步是每实现一个小目标，便奖励一下自己，让自己的大脑永远有做不完的"小目标"和永远在渴望的回报激励信号。

即便很完美的结果早已实现，我们也要静下心来，也要时刻奖励"胆小"的大脑，按部就班地将结果揽入怀中，"众里寻他千百度，蓦然回首，那人却在灯火阑珊处"，说的便是这么一种苦寻寻不得，原来胜利早已存在的状态。

坚持初心难，现在回过头来再看，其实不难，而换个角度来看第三种境界，就是一种静心禅思的境界。

读到这里，也许很多人会突然发现一个问题，坚持初心，勿忘初心，那这个"初心"就是一开始的想法吗？你会不会把我提及的"初心"自动脑补，理解成为一个无限高尚的、无限纯粹的、脱离了任何低级趣味的东西？只要信奉"初心"便可拨开云雾见天日？不必，马云真不是一开始就办了阿里巴巴，他还开过英语培训学校呢；俞敏洪一开始只想开个夫妻店养家糊口，后来才搞出新东方；罗永浩也绝非从一开始就认定是世界选择了他做手机，他才抄家伙造出来 Smartisan OS（俗称"锤子系统"，一款基于 Android 平台深度定制的操作系统）。

如果你当真如此理解"初心"，那么你必定走向死胡同，不仅仅只是整个人变得呆板、教条化，而且所做的每一件事仿佛都背着沉重的初心。凑了不忘初心、坚持初心的热闹，却压根儿不知道初心是什么，压根儿不知道自己的初心是什么，你处在这种尴尬之中吗？

当初心遇见前行。先弄明白自个儿的初心，再说前行。

第自然品牌视觉识别：可以看得到的"静"

江湖传言：武林没有绝学秘籍，但唯快不破。

子弹为什么能秒毙强徒？从扣动扳机，到撞针撞击底火后点燃发射火药；从火药开始燃烧，弹壳内压增大，到压力上升到250～500 kg/cm^2；从弹头脱离弹壳挤入线膛开始启动，到弹头在高温、高压气体作用下迅速向前运动，当你听到枪响时，不到一秒钟，弹头早已迫在眉睫，速度快到躲不开。

"唯快不破"确实是有道理的，除非你跑得比子弹快。

唯快不破，全在快，但结果也害了很多急于求成的人，分两个方面来简单阐述一下。

第一个方面，产品价值上单纯求快，快到走火入魔是小事，本来不错的项目，到头来成了"快闪派"，消失不见这才是大事。我们越要追求速度够快，越需要慢下来练好最为基本的每一个小动作。"快闪派"是个大写的悲剧，一味地追求快，结果往往是比常速更慢，事实上往往是死得更快。

很多护肤品牌，"快"到什么程度？只要用我的产品护肤，让你立竿见影，消费者左右对比一下，确实效果好。马上就能看到效果，所以这个品牌就是好的，所以也就有了各种各样的荧光粉，有了各种各样的增白剂，有了各种各样的催化剂，国内起码近30年内，竞争上是不讲规矩的，更不要说道德底线和社会责任感这种堂而皇之的大道理了。

当每一个肌肤小问题开始凸显在你的面前时，其背后往往意味着半年甚至三五年的问题积累。举一个衰老的例子，女人20岁以后皮肤会逐渐发生变化，25～30岁，老化现象开始急剧加速。到了40岁以后，真皮组织会变薄，皮肤的紧致度会下降，守护皮肤弹性和健康的胶原蛋白与弹力蛋白的含量也会逐渐减少，这是一个长期渐衰的过程。一个三五年才形成的肌肤问题，产品若是能做到立竿见影，只有使用"暗器"，这一点，我们中国的企业家、配方研发人员都是很清楚的，但总会说："不添加这些东西，消费者看不到效果就以为我们是骗子。社会大氛围就是如此，我们不图快，岂不自寻死路？"

那么问题来了，是谁导致的社会大节奏的混乱和唯快不爽的局面？这件事不能怪消费者，还是因为企业家自己出了问题。这个世界上，消费者的需求并非完全正确，需求，很多情况下都是夹杂着急功近利的欲望，比如，一月后就回到18岁的肌肤状态。

面对这种不正确的需求，要敢说"不"难，更要秉持商业道德敢做别人不敢做的。试想，当你赚足钞票时，却发现很多人的肌肤因你的产品导致更多问题，再往大了说，借用马云的一句话——"什么都不怕，最怕十年后的天空"，有了钱，没了价值，没了尊严，成为人人唾骂的对象。

快，必须建立在娴熟的慢功夫之上。静下心，慢慢地和消费者讲道理，讲客观存在的肌肤问题的形成原因，第自然不能只卖产品，更要担当不怕死的前锋，更要担当社会责任，"路遥知马力，日久见人心"，竞争分分秒秒存在，只要一息尚存，就要死守慢功夫。

第二个方面，成长速度上单纯求快，忽略"力"，一颗子弹瞬间射杀强徒，一是强徒躲闪不及，二是子弹力量确实能够穿墙凿壁。

大家都深知现在已经不再单纯是一个大鱼吃小鱼的社会，而是要面对一个快鱼吃慢鱼的现实，不怕鱼儿小，就怕鱼儿慢，那么这个"快鱼"和力有什么关联？

力，是一个优秀团队、公司整体优良的组织架构的外在表现，好比一群野狼，以迅雷不及掩耳之势包抄了一个方圆一千米大的面包，速度没有任何问题，但是要消灭这个庞然大物，每只狼的牙齿要么掉光要么牙龈肿痛，一百只狼的整体咬合力居然不如蚂蚁，那么再快有什么意义？

这其实也是诸多企业遇到的泥潭，我也曾经深陷其中，坦言讲甚至到现在还没跳脱。

力大无比、灵巧快速，达成这种子弹效果，难不难？不难！

既然提到子弹，那就跟我一块儿到部队走一圈，毕竟本人也曾是一名军人，我们去看一下部队为什么无论集团军还是单兵作战能力都是个顶个的子弹。

先从编制开始，以陆军为例，假若一个 40 万人的集团军，陆军 40 万人下辖 13 个军、53 个旅又 130 个大队。体制改为军→旅→营→连→排→班，每军 3 万人，军下辖 4 个旅 10 个大队，每旅 0.5 万人，每个大队 0.1 万人。10 个大队分别为工兵、三防、特务、勤务、运输、陆航、防空、卫生、通信、特战。旅下辖旅部 800 人（辖工兵、三防、特务、勤务、陆航、卫生、通信、防空 8 个连），设 2 个装甲营、2 个摩步营（800 人／营），1 个炮兵营、1 个运输营（500 人／营）。第 1 军为特种部队，下辖 5 个旅，分别为空降旅、伞降旅、高原旅、山地旅、雪地旅，另军属部队增加 5000 人的航空兵部队。

看似复杂、构成庞大的集团军背后有一个有意思的现象，无论是 7 万人的满编军还是 600 人的小兵连，现代军队最小的编制单位都是"三"，为什么？

数字"三"本身便充满魅力，众所周知的"一个篱笆三个桩"，讲的便是三角关系的稳定性；"事不过三"讲的便是从量变到质变的临界点基本锁定在"三"；"三权分立"讲的便是一种权力的制衡。当然，这有些扯远了，编制单位以"三"来组合，在中国发挥实效起源于辽沈战役。"三三制"是辽沈战役前，"东野"集体智慧的产物，早期是为了解决部队凝聚力、战术执行力问题而产生。当时部队成分非常复杂，既有国民党投降、起义的士兵，又有日伪军投降、起义的士兵，还有东北农民刚入伍的新兵。"三三制"，一般配备一名我军老兵、一名刚入伍的新兵，还有一名国民党兵（或伪军士兵），以老兵带新兵，以新兵教育伪军士兵（忆苦思甜，现身说法）。通过这种方式，"东野"基层战斗力飞速增强，出乎意料地形成了强大凝聚力。训练战斗中这种"三三制"，极大地减少了战斗指挥难度，真正做到了如臂使指的作战效果。

我们常说商场如战场，看不见硝烟的战场更需要既强有力又灵活多变的"三三编制"！《道德经》中说"道生一，一生二，二生三，三生万物"，一语道破天机，有人可能会说"你讲禅养护肤，连道家都搬出来了"，那么请问，什么是禅？什么是道？如果你不懂道，又怎么能说我所思不是禅？

"三三编制"团队结构，是形成"子弹"效应的基石，但只是基石，利用不当反而形成累赘，那么该怎样使自己的团队爆发出子弹的速度和力量？

回过头来再看部队另外一件有意思的事情——叠"豆腐块"军被。

这个大家应该最为熟悉，但凡参加过军训的孩子基本都头疼叠"豆腐块"，一是叠不出来，二是根本不理解为什么叠个被子非要费这么大的精力！

这就要提到"标准"两个字。

内务条令上说："一是为了干净整洁；二是为了行军携带方便；三是通过叠被子整理内务，培养军人严谨细致的作风。"当然，有人可能还是不理解，换种思路看，这是以既定的标准反复练习，直至形成良好习惯的最基本做法。先不说习惯的重要性，我们来看一下"标准"到底有多重要。

对一些老胶卷电影感兴趣的朋友可能知道，八国联军侵华时期，一些国外记者通过笨重的机器曾为我们留下过这样的场景：一边是溃不成军的八旗子弟兵，另一边是八国联军，举着捅一捅才能用的洋枪，如果够仔细的话，你会发现八旗子弟兵人再多，总是乱哄哄的样子，但这些"洋鬼子"哪怕只有五个人，都是统一的一排，几乎统一的端枪姿态，以有条不紊的行军速度和击发弹药节奏，侵蚀掉甚至多于自己十倍的八旗军。说到失败，你可能会说他们是"八国"，其实总人数寥寥无几，你也可能会说清政府腐朽、八国联军有洋枪，这些也都不是核心因素，只能说是重要因素，为什么？因为其实那时候的清王朝也是有大炮的，很大程度上八旗军溃败是因为没有"标准"可言！平日里习惯了花天酒地的"八旗哥"，即便有一定的作战能力，也是一盘散沙！面对近乎机器般霸气逼近的八国联军，毫无办法！

拿破仑最引以为傲的不是他的赫赫战功，而是他主导制定的《法国民法典》；秦始皇的伟大成就也不在于修筑了万里长城，而是统一了中国的度量衡。标准化水平已成为各国各地区核心竞争力的基本要素。一个企业，乃至一个国家，要在激烈的国际竞争中立于不败之地，没有"标准"，就会成为一盘散沙！

对"标准"的适应，慢慢就形成了一种习惯，即便有一天你不再扯着嗓子重复，也会惊喜地发现，自己早已习惯！不用军官要求，一个训练有素的士兵也清楚怎样快速地发现敌情、装弹射击。

那么，良好的标准，就一定形成良好的习惯吗？答案并非如此！有时往往适得其反。

这中间便存在着一个标准与接受者适应性的长时间磨合期，拿一个发生在我身边的鲜活例子讲给大家听。我曾经要求团队所有人每天下班时写简单的工作总结。工作总结的意义，对于第自然类直营全托管的门店加盟管理有着举足轻重的作用。制订一个标准，往往会经历这样一个过程，明确目的性—制订标准—毫无谈判可言地去执行—观察结果—微调—再执行—习惯养成，就是这样一个简单的工作总结，却出乎意料地出现一个所有人都不敢相信的事实：一向以执行力强出名的小河君和邵老，明显地出现漏交现象，尽管三令五申，尽管普通的店员都能做到，两个人像着了魔一样做不到，约谈不下五次，罚款不下五次（尽管最终都没有处罚），一度搞得我们三个人的关系甚是紧张。

怎么回事？偷懒？不可能，全公司没有比他俩更勤快的人；联合"抗旨"？不可能，俩人属于传统的本本分分的类型，约谈时，俩人也说不出个所以然来，就算发火，也没用！

后来慢慢了解到，标准还真的需要根据差异化制订，俩人和文字设计打交道——纯属创造性的想象式工作，一旦用同样的标准去制约，反而成了阻碍。

当标准执行到一定可量化的程度，习惯自然养成，那么就离制度不远了。

制度和标准是完全不同的，制度是标准的优化集合休，两者之间的搭忻部分，靠的便是落地的习惯养成，标准形成习惯，习惯促成制度，制度慢慢地就形成了团队文化，是"子弹"的严苛标准，那么形成的一定是强劲有力的"子弹"团队文化。

分享一些我们团队里经常提到的"子弹"标准：

第自然团队职业化养成七大"子弹"原则：

1. 汇报工作说结果

举重若轻的人上司最喜欢，一定要把结果给上司，结果思维是第一思维。

2. 请示工作说方案

请示工作至少保证给上司两个方案，并表达自己的看法。

3. 总结工作说流程

做工作总结要描述流程，不只是条理、逻辑清楚，还要找出流程中的关键点、失误点、反思点。

4. 布置工作说标准

工作有布置就有考核，考核就要建立工作标准。

5. 关心下级问过程

关心下级要注意聆听他们的问题，让其阐述得越详细越好，明确让下级感动的点和面。

6. 交接工作讲道德

把完成的与未竟的工作以及工作中形成的经验教训毫无保留地分类，逐一交接给继任者。

7. 回忆工作说感受

交流工作多说自己的感悟，哪些是学到的，哪些是悟到的，哪些是反思的，哪些是努力得到的。

笫自然品牌模式识别：以人民的名义而活

对不起。

这是对每一位中国消费者，我一直最想说的三个字，而且本人认为，中国几乎所有做实业的各种企业"家"们，面对国货，都应该要自我忏悔，都应该要以实际行动改变一些看似无望的现状。

一次去一家商场做入驻调研，忙完后，距离预定的时间早了半小时，索性就去百货超市逛了逛，记忆中好久没有看到过大妈们热闹买菜的样子了，难得的一次小"奢侈"。

路过奶粉区时，看见一位戴着老花镜的老奶奶，看那满头的银发，估计有七八十岁了。身后站着一个年轻的小伙子，老奶奶走一步他便跟一步，生怕她摔倒，应该是老人家的孙子。售货员在一旁站着不动声色，老人家双手捧着个玻璃瓶，小伙子从身后弓着身子，将双手隔空放在老人家"宝贝"瓶子下面。

这一景象很是奇怪，我径直凑了过去，售货员见我过来了，脸上挤出一丝笑容："先生您好，您挑奶粉？"

我示意性地看了看那对奇怪的祖孙，售货员向我靠近了一些，压低了声音说："老人家非要亲自给重孙子买奶粉。"

"那你直接帮找一下呀……"我也压低声音，又望了一眼远处的老奶奶。老奶奶刚好停了下来，年轻人赶紧接过"宝贝"。老奶奶颤巍巍指了指第三层货架上的一款奶粉，年轻人摇了摇头，将"宝贝"小心翼翼地放在老奶奶怀里，继续往前走。

脑子糊涂啦……非要找几十年前的一个牌子的奶粉。这不，听说孙媳妇刚生了个胖小子，老奶奶前去看望，发现了桌子上摆放的奶粉，戴着老花镜看了半天竟然全是字母一个也不认识，为这事，老奶奶生了好几天气。据说老奶奶的儿子没少费功夫，从老家找到了那个瓶子。那是孙子小的时候老奶奶亲自挑的，这不跑商场来了，要亲自给重孙子挑，执拗得很。

话音刚落，那位年轻人招手让售货员过去，背着老奶奶悄悄地拿了一些奶粉，这时从不远处径直走过来一位大婶儿，应该是年轻人的母亲，接过奶粉慌忙去了收银区。

苦笑一番，我也不再多逗留，回头看了一眼老奶奶倔强的背影，心里有说不上的滋味。

其实每一位中国人内心深处，都是希望国货值得尊敬、值得骄傲、值得购买。

再次说一声"对不起"！

除了追求利润、利润、利润，除了经济总量的稳定增长，是时候回过头来，做一些挽回社会信任感的事情了。

社会人士普遍存在"一朝被蛇咬，十年怕井绳"的恐慌心态，想要挽回谈何容易！如何扭转这种局面？仅靠一个"3·15"晚会解决不了实际问题，这种社会信任感的重建，靠明星效应、靠花样营销同样是不行的。

那就埋头做！就像本章的标题一样，蜀道难，铺路人怎么没说难？

我决定尝试开设"会员互动沙龙日"，靠一点一滴的现场互动赢得第自然的社会信任，再难也要冲，万一冲出僵局呢？

我们开始对自己已经上线的禅品进行探究，上百种禅品的现场互动可实施性方案，足足摞了半米高，最终确定以手工皂来做突破口。手工皂看似简单易操作，那其实指的是皂基皂，买回来皂基，加温融化，放点精油和色素，两小时就搞定了。我们要做的不是皂基皂，而是手工冷制酿皂。

问题接着就跟过来了，市场上都在举着手工皂的牌子销售，但十款手工皂中七款是工业皂基皂，结果便是能够分清楚皂基皂、手工冷制酿皂的人少得可怜。

择日不如撞日，在此告诉大家工业皂基皂和手工冷制酿皂的区别。

近些年相信大家或多或少都听说过手工冷制酿皂，很多人都是从刚开始的半信半疑，到后来的坚信不疑。简单来说，手工皂的清洁原理，就是碱水融合多种天然萃取油后，形成一种既亲油也亲水的含甘油皂体，在水流的冲洗下，将所需清理的污垢带走的同时起到滋润和补充营养的功效。

真正的手工冷制酿皂，主要原料是植物油，无论如何修饰渲染，看上去总是一种朴素甚至黯淡的色彩；而工业皂基皂由于皂体颜色晶莹剔透，色彩斑斓，反而吸引了很多不了解手工皂知识的人。结果在使用后，出现的各种不良后果，让手工冷制酿皂背上了伤脸、毁容的黑锅。

当你看到一块"手工皂"时，单从外表看，如果光鲜艳丽、晶莹剔透、香气迷人，符合这三点基本就是工业皂基皂了。我来解释一下为什么它会那么晶莹剔透，只因使用了酒精去浑。为了达到这种透明的美感，必须去掉浑色的甘油，而一块手工皂中发挥核心保湿滋养功效的偏偏就是甘油，天然皂化分离出的甘油都没了，毫无滋养保湿可言。

制皂工艺上，手工冷制皂是相当烦琐和耗费人力的，把油脂和碱、水混合，一定温度下保持快速搅拌四至八小时才能达到 Trace 状态（"Trace"是划痕的意思，这是判断皂初步成形的一个依据，没有捷径，只能搅拌再搅拌，直至出现划痕），加入天然功效成分、矿物质粉、精油等，灌入模具等待成型。而皂基皂就不同了，制皂工艺简单，采购工业皂基隔水加热到融化，加入色素、香精即可。

制皂周期上，冷制皂制皂师除了边控制温度边搅拌数小时外，入模后还需要等待数天才能取出，取出来不等于马上便可以用，还要等待 4～12 周成熟，共需 30 天以上。工业皂基皂前后仅需不到 3 小时便可以直接使用，这也是关涉初心（良心）和利润之间，到底选哪一个的问题。

当你真正了解到皂基皂和冷制酿皂的区别，你的面前也会有一个选择：要皂的感官漂亮，还是要皂带给肌肤的健康与滋养？

前期一切准备就绪后，突然间意识到晚秋初冬时节的自己依然"火热"，有一天晚上大约十点多的样子，自个儿穿一短袖，小河君早已长袖发抖，两个人走在公司外的"专属"夜灯下，小河君问我：不冷吗？需要换季穿厚衣服了，自己还特自信地说没觉得。

结果说完这句话，第二天早上就发现自己起不来床了，凑巧那晚大面积降温，爱人给量了一下体温，38℃低烧，原本想说没事儿，却发现自己说不出声，一摸喉咙处，一阵剧痛，我只好摆摆手示意再躺一会儿。

不知道过了多久，迷迷糊糊听见爱人惊叫了一声："怎么40℃了！"

好吧，倒下了。

再醒来时，发现自己躺在病床上，印象比较深刻，墙上挂着的钟表指针指向了10：10，爱人一脸憔悴、紧张的样子说："睡了整整一天了。"

打开爱人给关掉的手机，满屏的未读消息，着急起床又被爱人按了下去："不要命了?!"

哈哈，好多年没见过她发脾气。

第二天，继续战斗，耽误了一天，手工皂很多事情没有推进，整个人也变得急躁了一些，那天发了很大的火，办公室里挤满了人，却静得只有呼吸声。

接连三天，控制不住脾气，虽然自己心里很后悔发脾气，但是一想到手工皂现场酿造的事情，就有说不出的无名火。

第四天下午散会后，突然间感觉不太对劲，往常大家都是有说有笑至少十分钟才离开会议室，今天却出奇的快速，不到一分钟，一个人都不见了！

好吧，看来自己真心做错了，那总得给我 30 秒的时间向集体道歉啊！不到一分钟，整个会议室就剩下了我自己。

唉。

没来得及细想，爱人站在会议室门口一个劲儿地敲玻璃："快点！再晚就堵车了！孩子还在幼儿园！"

着急忙慌地走出公司大门，越来越感觉不对，公司里居然一个人都没有了！平时这个时间，大家都还在加着班，没来得及细想，就被爱人拉上了车。

心里一股寒意。

爱人开着车，一句话也不说，我低着头看手机，感觉好尴尬。

"这是去哪儿？"我抬头看了一下，"走错路了！往回红绿灯右拐到幼儿园。"

"饿了，先去吃饭。"夜色渐染，爱人头也没转，冷冷地说道。

索性扔掉手机，心里不爽。

吃饭重要还是孩子重要？

转来转去，车速渐缓，停在了一个大院门口。

那不是我儿子吗？怎么这么晚一个人跑到了这么偏僻的地方？来不及发火，冲下了车。

小家伙一个上蹿搂住了我的脖子，笑着和我说："爸爸生日快乐！"

生日快乐？整个人一下子蒙在了原地，赶过来的爱人不再一脸冷酷，挎着我的胳膊："走，进去吧！"

与其说挎，不如说是被快速拖进了大院。

刚一进大院，整个人就傻了，院内上顶全封闭式，光线突然暗了很多，还没来得及适应，孩子不知道跑哪儿去了，爱人也不见踪影……

某个角落，响起了轻柔的音乐，四面八方，出现了隐隐约约闪动的烛光，随着音乐，参差不齐的歌声响了起来，"祝你生日快乐……"

10月10日我的生日，我呆在原地，眼泪流了下来。

怪不得公司一个人都没有了，原来，暗藏玄机！

大家慢慢向我靠近，全都带着面具，分不清谁是谁，摇曳的烛光中，一只手将我拉动起来，适应后模糊地看到前方一个巨大的投影布，此刻大家都静了下来。

老式的投影机缓缓地开始播放，画面中，第一张居然是我们第自然立项那晚的合影……到飞奔在各地忙碌的大家……到第一个配方的确认量产……到第一个成型禅品——担水善润樱草水嫩净面乳的问世……到销毁方形盒库存……到首批禅品现场出模……到第一家门店……

好吧，这次不是嗓子痛，是真的讲不出一个字了。

当蛋糕推出，看到上面的生日祝福语时，整个人再也抑制不住哭了出来。

"不仅仅是给朱总过生日，更要给第自然，过第一个生日，过第十个生日，过第一百个生日——第自然全体同仁。"

忘我狂欢，彻夜未眠。

其实每一位中国人内心深处，都是希望国货值得尊敬、值得骄傲、值得购买。

国货路上注定艰辛无比，但是，人心聚，就真的不难！

国妆路上注定荆棘丛生，但是，协力行，就真的不难！

"噫吁嚱，危乎高哉！蜀道之难，难于上青天！"蜀道难，铺路人怎么没说难？

写到这里时，刚得知一个振奋人心的消息，国货"老大哥"华为，2016 年 11 月 17 日在美国内华达州里诺举行的国际 3GPPRAN187 次会议 - 5G 短码讨论中，凭借国内外 59 家代表的支持，以极化码（Polar Code）战胜了美国高通主推的 LDPC 及法国的 Turbo2.0 方案，拿下 5G 时代的话语权。

这意味着什么？意味着华为成功颠覆了高通长期以来的霸主地位，就这次会议结果来看，未来只要部署 5G 网络，就必须使用华为的 Polar Code——华为编码，全球通用。

消息一传出，各种负面的新闻也接踵而至，各种眼红和不屑也扑面而来，例如完全误读、完全炒作等。

编码，我不懂，很多人不懂，但起码我知道一个事实，依据这个事实想反问那些泼冷水的人：你有被误读的资格吗？应该没有吧？如果没有，就请不要耗费精力打口水仗了，还是把精力用在脚踏实地的编码研究上。

人心聚，协力行，做自己，没有什么不好！

有一种荣耀，不单单关注结局是否成功，即便失败，即便战死，也是一种无悔。不仅我们这一代人要学会做国货、做自己，下一代、下下一代更应从小怀揣"匠人"之心，为中国制造继续奋斗！

第六章

「第自然，是我们的女儿」

国第·一家

"十月怀胎,一朝分娩。"

也许对于男人而言,无法感受怀胎妊娠呕吐反应是什么滋味,也不知道被推上手术台时的紧张,更不知道分娩时等于碎20根骨头的疼痛到底有多痛。

写到此处,不知从何落笔。并非因为我是个粗犷的男人,而是第自然第一家实体店宣布落地时,感觉时光倒流到了三年前,那天的阳光很暖,风很柔,看到襁褓里小巧的女儿时,不想说任何话,就只是看着她,一直看着她,护士催了三五遍,才恋恋不舍地放入了保温箱。

喜欢把第自然称作自己的"女儿",有时被女儿听到了,误以为真的有了"竞争对手",咧着嘴巴吃醋,儿子倒是挺大方,用孩子们才能理解的方式劝着自己的妹妹:"没事,她不抢玩具。"

女儿这才罢了休,允许她这个并不真实的"妹妹"的存在。

"一路走莱·州驻国禅。"2016年7月23日,经过前期高强度连轴转的准备,第自然山东莱州店按计划开业迎客。莱州文化东路348号印象城购物中心一楼,迎来国内首个倡导禅养护肤、秉持内调外养理念的国妆连锁专卖品牌——第自然。

"我们没有严格意义上的品牌故事,只有一群朝气蓬勃的年轻人和循禅求美的历程。故事总会结束,而筑梦才刚刚开始。'中国粗、劣、仿制造时代'即将结束,'匠心智造新国货时代'已经到来,第自然'中国禅养护肤领衔品牌'的筑梦之路，离不开您的支持和信任，一路走来，感谢有你!"这是当时剪彩时，我代表第自然全体同仁说的一句话。

我们确实没有严格意义上的"品牌故事"，在和小河君商量应该怎样描述我们的品牌故事时，曾经废掉了五稿，辞藻再华丽也抵不过切合实际的一个行动，品牌故事，不是写出来的，而是一步步努力做出来的。品牌故事，也不是用来营销的噱头，讲故事，谁不会讲？讲得痛哭流涕，讲得满腔热血，讲得遍地情怀，对于国货而言，有用吗？

答案只有两个字"没用"。

曾经有人问我准备把第自然打造成怎样的新国货，一开始，我也是列举了各种"美好"，等第自然面世后，将会是这样的，将会是那样的，后来慢慢地意识到这种观念是错误的，正如本章的标题一样——第自然是我们的女儿，对这个标题感到熟悉的，证明当年的你还是个好学生，这是专属于80后以及部分90后的回忆。没记错的话，初中二年级语文课本上的一篇课文（作者程乃珊），她在关于女儿的教育问题上，有一句堪称经典的回答："生命，是无法定制和预先设计的，只要生命是健康又向上的，就是美的；可怜天下父母心，为何要像做盆景般来设计你子女的形象呢？"

我把这句话贴在了电脑旁，提醒着自己对"女儿"第自然未来的"空设计"，她需要融入社会中去，带着新国货的倔强；她要学会自己去适应环境，成为大众的宠儿，成为大众的骄傲，成为世人尊敬的新国妆。顺其自然，只要生命是健康又向上的，就是美的，这不也正是禅带给我们的一种智慧吗？

回过头来看"怀胎"期间，我们给第自然注入了携带一生的"新国货基因"，都有哪些呈现在了她的性格里？跟我去莱州店内走一圈吧。

第一家禅养护肤品牌专卖店——莱州店，我们做到了。

虔修华夏禅宗思想，以赤子之心，探索天人合一的无穷智慧；恪守自然造物法则，以匠人之心，归还自然而然的禅肤本貌。循禅求美，简单的四个字，经历了太多曲折，最终我们还是给出了答案。这种感觉，相信只有亲自到店后你才能体会到。开放式门店设计，正如禅无处不在，简单中耗用大量精力完成的布置，给你处处静美质感，禅风设计，不再只有视觉冲击力，更多的内在魅力随后讲给你听。

细心的朋友可能会注意到"护肤品牌专卖店"，是的，国内几乎没有！我们不再延续国内护肤行业小专柜形态林立的滞后格局，率先开创品牌连锁专卖店模式，以后的商场，以后的街道，你看到的将不再是××靴子品牌专卖店，第自然，就要做到刷新格局，给你一个完整的购物体验，而不再钻到某个狭小的、毫无品牌质感的小专柜内。

第一家通过内调外养理念实现肌肤养护，莱州店，我们做到了。

内调外养，一个司空见惯了的名词，但总给人虚无缥缈的感觉，为什么会这样？中国能说会道的人太多，真正做到的寥寥无几，第自然，就要做到实处！

无穷般若心自在——内调，请给内心一个悠闲自在的可能。从容淡定、无我无执，便是每个人无穷般若的智慧之源。禅养之心，不染风尘，天涯海角，尽在心间；繁华尘世里，去享受家常的温暖，去憧憬平实的梦想。自由自在，真实坦然，不抱怨，不心灰意懒，温润地过好每一天。内调，分为两个层面，一个是单纯地通过内服禅品进行调养，比如深海胶原蛋白弹润的补充、白芸豆固体饮料的塑形、针叶樱桃的抗氧化、葡萄籽的美白、茶饮系列的排毒等；另一个是通过综合的心理疗法，使每一位身处都市喧闹、亚健康状态下的女性心理达到平衡，进而舒缓由焦虑等压力导致的负面情绪，由内而外，自然健康。

语默动静体自然，请给外肤一个焕发自然的可能。美是一种选择，甚至是一种放弃，而不是贪婪，在众人为美而皆快时，请放慢你的脚步。一个人，去聆听清泉的叮咚，去拥抱泥土芬芳的大地，去盛享生命的清幽，去领略肤体融入自然时的美妙，一念一悟中，一心一禅然。外养方面，往往是最容易出现认知误区的地方。外养——一系列外部使用的产品，很容易形成一种大牌便是好、名贵便是好的误解，那么今天我只能很遗憾地告诉你，这些观点都是错误的，甚至是危害自身肌肤的。我们仔细分析过欧美地区白种人和亚太地区黄种人在生理上的差异，单从斑点来说，我们亚洲人比欧洲人更容易长斑，为什么呢？

1. 亚洲紫外线照射比欧洲地区高 2.5 倍（在紫外线照射下，亚洲人黑色素的增长水平是欧洲人的 6 倍。

2. 亚洲人皮肤角质层剥落的速度比欧洲人缓慢，更容易形成暗沉、肤色不均的情况。

3. 亚洲人对紫外线照射不敏感，皮肤易产生即时性的黑化，所以，防晒尤为重要。

4. 皮肤健康色度本身与基底层黑色素量有关，也就是遗传天然肤色。

5. 亚洲人黑色素细胞较大，可储存较多的黑色素颗粒，约 250 个，比欧洲人高 2 倍。

综合以上因素，当你再以买到原装欧美产品或者使用高价欧美产品而自豪时，只能说明你对美的认知方向有误，"一方水土养一方人"，并非只是一句俗话，存在其合理性。

也许有人会说，日本人和韩国人也是黄种人，我们可以更多地使用他们的产品进行养肤，关于这一点也是错误的，日本和韩国的护肤品其实并不适合中国人。

大家都知道，中国是发展中国家（只能是相对而言比较富裕），不可否认的一个事实便是，环境污染越来越严重。伸手不见五指，在中国不再只是黑夜，黑夜我们有充足的光污染存在，现在基本上是指严重的雾霾。我们的皮肤大部分时间毫无防备地暴露在空气中。研究发现，除了紫外线之外，环境中的污染因子也是造成脸上斑点及黑色素沉淀等肌肤问题的主要原因。有害污染因子会导致身体产生更多的自由基，使肌肤细胞受损，因而产生过多的黑色素，而出现斑点、肤色不均与黑色素沉淀等问题，同时影响中国人皮肤的还有不健康的饮食习惯，这一点，对于喜欢夜晚活动的朋友来说，确是事实。

1. 不得不承认，日本、韩国的环境质量确实比中国好，这是一个外在的原因。

2. 民族文化因素，导致日本人、韩国人从小就很爱打扮，当我们还在摔泥巴过家家时，他们已经开始注重呵护皮肤了。

3. 从饮食上来看，日本人、韩国人比较喜欢清淡的东西。关键的一点，海鲜、鱼肉等对皮肤有很大的好处（天然的胶原蛋白补充源，有时我们接受不了日本人那种生吃鱼肉的习惯，单从肌肤角度而言，这确实是好的）。

综上所述，所以，便有了莱州店实现的三个"第一家"。

第一家实现一站式购齐，第一家实现全面养肤，第一家产品覆盖中国女性常见的所有肌肤问题。

第自然产品种类涉及头、发、面、体、手、足、器等几十个系列、数百种禅品，补水、保湿、美白、祛斑、抗皱、祛黄、提亮、紧致提拉、抗过敏、净屑、润发、护发、醒脑、毛孔细致、去角质、赋活新生、弹润、防晒、内服排毒养颜、瘦身塑形、美白新生、美容工具、沐浴工具、旅行分装工具等一应俱全。

进入 2016 年以后，"互联网＋"逐渐被"喊"热了。哪怕是濒临死亡的一家小公司，此刻也被这股强风吹上了康庄大道。"互联网＋"跟风者太多，这些跟风者根本不在乎到底自己为社会提供了什么实质性服务，包括更多只喊不做的企业也是如此，挂一个"互联网＋"牌得保佑的比比皆是。同样的回答，第自然在"互联网＋"上面，就要做到实处！前面提到过现场制作手工皂，单看这一点是很普通的一个线下互动活动，如果再扩充一点，你看到的将是第自然的"互联网＋家"。

第一家通过"互联网＋家"即时解决肌肤问题，这一点在莱州店未能全面铺开，我们在逐渐进行完善。

线上，禅养护肤导师实时指点迷津；线下，定期进行禅客护肤经验交流互动。线上禅养护肤导师实时指点迷津的背后，我们在搭建一个会员独享的皮肤档案平台，在国内实现两个"第一个"：第一个实现无论你身处何地，只要有第自然品牌专卖店，通过平台云端数据分享便可以实时得到同质服务；第一个实现无论你肤处何时，只要你是会员身份我们将持续记录你的肤质状况并依据档案分析进行跨周、跨月、跨年护肤建议——18岁成为第自然会员，78岁时您仍然能够接收到我们的护肤方案！再来看线下，有一个事实也许你无法接受：你极有可能完全不懂护肤美妆！这和用过多贵的护肤美妆产品没关系，也和用过多少数量的护肤美妆产品没关系，更和有多少年的护肤经验没关系，道听途说和东拼西凑整理出来的护肤美妆知识其价值等于零甚至有害肤质，道听途说毁容的例子相信你我身边都发生过，所以我们的线下互动，更侧重于专业的护肤美妆秘笈的分享。

这是一个庞大的、持续建设的平台，也是敢称"第一家"的自信源泉。

也许会有人质疑，耗费如此高昂的成本会不会脱离大众？大众经济承担得起吗？

第一家定位高端雅致、定价暖心价位，莱州店，我们也做到了！

漫步店内，梵音绕梁，雅致舒心，车马喧闹间静享禅养体验，匠心禅品自然品质至上服务，初心善润暖心价位尽享受。成本和消费群体定位真的一定是正相关吗？不一定，有时有些貌似违背经济学原理的现象并不奇怪，这和每一位顶层决策者的选择有关。举一个最为简单的例子，也是国内最常见的现象：一块饼干的价格，受原料啊、设计啊、人工啊、税负啊、中间代理商啊等一系列因素决定，商家说我的饼干保持不亏不赢，卖两毛钱一块，盈利空间是一分到一毛二分，产品本身定位价值已经固定。想赚到一毛二分（售价三毛二分），只有一个办法，那就是一锤子买卖，坑一个算一个。只赚到一分（售价两毛一分），需承担极度不可控因素带来的高风险，任何一丁点儿的风吹草动，例如国家金融政策的调整、人均CPI（居民消费价格指数）的波动，都会导致企业直接死掉，这是老板的思维。换作消费者，物美价廉肯定是必须捍卫的自身利益，越便宜越好，看饼干的色泽度、口感、对身体的营养度、伤害度等因素，消费者总会给出一个自己能接受的价格，比如两毛六分。这个时候博弈就开始了，如果商家一味靠低价位吸引顾客，只会死亡，同行业会挤对死这个品牌，消费者"便宜到不敢买"也会挤对死这个品牌；如果商家一味追求高利润，也会死掉。道理无须多讲，在和消费者的博弈中，存在着一个合理区域范围，在这个范围内，只有一个核心点，那便是供给方（商家）要站在消费者的立场去考虑价格选择。如果消费者心理预期价格为两毛六分，商家给出的实际售价为两毛四分，这是一个皆大欢喜的局面。请问，如果你是商家，你能做得到吗？做得到，你的品牌基因里就有"长命百岁"这个基因组，做不到，就等于做不好国货。

压轴戏往往放在最后一个，这是规矩。

第一家仅使用积分即可终身免费兑换产品，莱州店，虽然是第一家落地实体店，但是我们做到了。

我们的会员积分政策很简单：2元积1分，10分兑1元，推荐好友消费立得等量积分，仅限两级，第自然积分终身享兑用一生。等量积分什么意思？只要你感觉第自然真心不错，通过我们的专属微信端推广海报分享给好友，好友一旦在任何一家第自然专卖店产生交易，例如，购买了100元禅品，积50分（2元积1分），与此同时，你也将会得到同样50分的奖励，你分享得越多，坐收积分的概率越高，那么实现一生仅靠积分去第自然兑换禅品使用，并非天方夜谭。

"赠人玫瑰，手有余香"，道理，就是这么简单。

"赠人玫瑰，手有余香"，或者类似的话语，你在网上会搜索到上百万条相关的内容，但这句谚语并非源自中国，"The rose's in her hand; the flavor in mine."——印度古谚，也是英国广为流传的谚语，我们从字面意思上基本可以理解其内涵：当你送给别人一束花时，你的手上也沾满花香。一件很平凡、微小的事情，哪怕如同赠人一枝玫瑰般微不足道，但它带来的温馨都会在赠花人和受花人的心底慢慢升腾、弥漫。在生活中，我们都应这样。

不得不承认的一个现实是，我们的社会中的确缺乏这种分享精神，这和中国时下实用主义风气的盛行息息相关，常见的心态基本是这样的：我帮也可以，不帮也可以，我不帮不会受到道德的谴责，相反如果我帮了可能会产生纠纷，这对我而言都是"吃亏"的，那我不如不帮！

相信在很多人眼里，这条生存法则都是根深蒂固和理所当然的，所以我们才会看到，有的老人、孕妇倒地，围观的人里三层外三层，没人敢扶；所以你会看到，年近七旬的北大教授还在失声呐喊："遇见老人摔倒，你们年轻人尽管去搀扶，如果产生纠纷，我来赔！"

我举扶老人的例子，也许会有人觉得早已过时，但是关乎社会道德的事情没有保质期，此类问题一天没有解决或者改善，那么它就是待解决的"流行病"。

药不能停！

一个发自内心的小小的善行，也会铸就大爱的人生舞台。记住别人对自己的恩惠，洗去自己对别人的怨恨，在人生的旅途中才能晴空万里。你帮了别人，做了好事，或是成全了别人，就等于送了别人玫瑰一样会让别人高兴，而你自己心里也会因为做了好事而觉得高兴，那样你就能够感受得到一种甜蜜、一种玫瑰的芳香在手上、在心里播撒。

是否还记得专属 80 后、90 后的一则小故事？翻箱倒柜，终于将其从泛黄的小学课本上找了出来，分享给我们的 95 后、00 后，分享给我们的未来。

一座城市来了一个马戏团，马戏团永远是孩子们向往的魔法城堡。

六个小男孩穿戴得干干净净，手牵手排队在父母身后等候买票。他们兴高采烈地谈论着即将上演的节目，好像是自己马上就要骑着大象，在舞台上绘声绘色表演似的。终于，轮到他们了，售票员问孩子们的父亲：要多少张票？父亲低声道："请给我六个小孩和两个大人的票。"售票员快速计算，说出了价格，孩子们的母亲心颤了一下，她扭过头把脸垂得很低。

售票员再次重复了一遍价格。父亲的眼里透着痛楚，他实在不忍心告诉他身旁兴致勃勃的孩子们：我们的钱不够。

一位排队买票的男子目睹了这一切，他悄悄地把手伸进自己的口袋，将一张50元的钞票拉出来让它掉在地上。然后拍拍那个父亲的肩膀，指着地上说："先生，你的钱掉了！"

父亲回过头，明白了原委，眼眶一热，弯下腰捡起地上的钞票。然后，紧紧地握住男士的手。

故事很短，意味深长。

我们创立的分享激励模式，其实就是依照北人老教授的观点建立起来的。你觉得第自然禅品确实不错，请分享，我们掏腰包来激励。如果你认为是营销，那么你绝对是对的，这是毋庸置疑的。任何不以盈利为目的的企业，都是空口说瞎话，只不过我们的营销，尽最大努力在尝试将其建立在社会民生基础之上，对于社会问题哪怕只有一丝的改善作用，我们的付出也是值得的。

平时我经常被问及一个耳熟能详的问题："你们第自然一直在说自己是新国货，到底新在哪儿？"

绽放与生俱来的中国美，不仅仅只是外在皮肤之美，更是内在静心养德之美！这就是我们的"新"！

国第·二家

第二家店开业前我在想，第自然的旗舰店应该是怎样的？

要放在多么繁华的地理位置才能衬托？

要装饰雕琢到怎样的细致才算完美？

想着想着，便发现自己走入了歧途。只要有旗舰店存在，自然就会有普通店的对比，这不是一个好的现象。起码在店面布置上就有了好坏的区分。第自然最好的门店，永远是即将营业的下一家，这是我们运营团队一致的共识。为了这个共识，区域经理们没少"围堵"过我，最终迫使我彻底打消了旗舰店的想法。

第一个"闺女"顺利产下后，半月之内，我们的第二家专卖店便坐地而起，区域经理小廷和小妍开玩笑地说，都没时间"坐月子"了！

第二家，我们选择在了潍坊这座城市的中心——奎文区，一个被团队里好多人故意开玩笑念作"大文区"的地方。

关于第二家，关于潍坊，关于中国美，感想颇多。

初到潍坊的人，总是要大惊小怪的。好大的风！好美的风筝！总让街坊巷里人趣笑一番。其实潍坊的风相对而言不算很大，只因为这个地方是风筝的发源地，鸢都人很少会惊讶于风筝的美，因为太过熟悉，这种熟悉，只有一个在外漂泊多年的归家游子才能察觉到。

有些熟悉，熟悉到忽略，一旦失去才懂得珍惜，相信我们每个人都有过这种感觉。就像潍坊的风，有一天，风止树静，短暂的欢呼雀跃后才发现，风止鸢落；就像我们的中国美，有一天等到流行时尚、穿钉打孔嗨场退去，夜深人静才能被发现。

每一个潍坊人骨子里，相信都流淌着风的声音，潍坊风，不能消失，没有风，何来筝，更莫谈"世界风筝之都"。每一个炎黄子孙血液里，与生俱来都有一种美。中国美，不能消失；中国美，安静、淡然；中国美，灵气、大方；中国美，由内而外，焕发自然；中国美，举止之间，禅雅姿态……没有中国美，何来禅雅态，更莫谈五千年文明。潍坊风，中国风。中国美，禅雅美。一个都不能少。

潍坊此地"不宜久留"啊，很美的一座城，明清两代以"二百只红炉，三千铜铁匠，九千绣花机，十万织布机"闻名天下。悠久的手工业历史传统积淀了这里厚重的匠作精神和丰富的美学传统（可惜没有形成太多"品牌"），乾隆年间更是有"南苏州、北潍县"之称，潍坊的繁华由此可见。改革开放后，一年一度的"潍坊国际风筝节"，更使得潍坊成为具有世界影响力的鸢都：在春末万物葱茏之际，一排排风筝在苍茫的空中摇曳生姿、翱翔天际，仿佛一个个宇宙间的生灵在天地之间绚烂飞舞……

如果说潍坊美是中国美一个小小的缩影，那么探寻中国美的根源所在并将之发扬光大，则是我们每一个第自然人的使命和责任。接下来，跟我一块儿去了解我们中国美的历史。

历史上，中国先祖们在与大自然长期亲密接触中，就一直在感悟宇宙奥妙之美。原始社会的陶文土绘中，一道道朴素的线条勾勒出先祖对宇宙世界的理解和认知。《周易》中的"阴阳"观念，不仅仅只是"阴阳对立统一"的哲学理念，更是代表着中国最早的极简主义的美学。通过"八八六十四卦"的推算和演绎，以最为精简的方式，准确而深刻地表达了宇宙人生的本质所在。

先秦时代的《诗经》《离骚》《九歌》等早期文学艺术的兴起，是华夏先祖第一次用文字来记录自然美。春秋战国时期，中国迎来了第一波思想争鸣，孔老夫子增删"六经"，特别对于《诗经》付出巨大的心力，

"呦呦鹿鸣，食野之苹""兼葭苍苍，白露为霜""桃之夭夭，灼灼其华"等，先民们以朴素的美学触感，为中华民族奠定了关注自然、崇尚自然的美学典范。

魏晋时期战乱频仍，中国进入自春秋战国以来又一次思想爆发期，人的自我意识开始觉醒：从关注自然万物到回归内在自我世界。玄学兴起，士大夫阶级崇尚清谈，挥尘论道，谈玄说妙，行为风格率直任诞、清俊通脱。饮酒、服药、清谈和纵情山水是魏晋时期名士所崇尚的生活方式。此种任性天真之气，被后世誉为"魏晋风度"。

这个时代的美学特色以书法和诗歌最为突出。"书圣"王羲之风流倜傥、性情飘逸，所书《兰亭集序》遒劲飘逸、字字精妙，点画犹如舞蹈，有如神人相助而成，被历代书界奉为极品；诗歌方面，"建安七子"之一曹植的诗歌"骨气奇高，词彩华茂，情兼雅怨，体被文质"，达到当时诗歌成就顶峰。陶渊明的"采菊东篱下，悠然见南山"，谢灵运的"白云抱幽石，绿筱媚清涟"，词语清新脱俗，为后世山水诗的发展奠定了基础。

无论先秦还是魏晋，无论各类学派，从中不难发现，总有一种超脱于学派之上的美，它无处不在，又不好定性，以致找不到一个特定的词来形容。

恰逢这个时代也是佛门大师辈出的时代，特别是印度禅学的传入，发扬光大了一直游离在中国各学派间的禅思禅行之美，华夏禅意与印度禅学相结合，奠定了中国禅文化的基础。

提及禅，这里，跟大家分享一个禅宗公案，体会禅思之美。

慧可大师向达摩祖师求法。祖悯而问曰："汝久立雪中，当求何事？"

可曰："我心未宁，乞师与安。"

祖曰："将心来，与汝安。"

可良久曰："觅心了不可得。"

祖曰："我与汝安心竟。"

简单直接，没有曲折的口舌争辩，当下就是净土，放下即是解脱。青青翠竹，尽是真如。郁郁黄花，无非般若。

中国的唐代，是一个令人魂牵梦萦的黄金时代。万国来朝的气度恢宏，山川万里的壮阔激荡。贞观之治、开元盛世时期政治清明，就连唐玄宗与杨玉环的爱情故事，也在白居易《长恨歌》中描写得缠绵悱恻、情意缱绻。在美学表现方面，敦煌莫高窟的多姿多彩、绚烂耀眼；唐诗的汪洋自肆、上天入地的豪迈雄伟，构筑起中国古人想象力所能达到的巅峰图景。绘画方面，以王维为代表的山水画的恬淡悠远，代表着与盛唐刚健进取风格不同的文人审美观的初步确立。

与唐代豪迈粗犷、富丽堂皇的纪念碑式的盛世美学相比，宋代的美学特质是内敛而沉静的。由于政治格局的变化，北方民族兴起，两宋失去了开疆扩土的积极性，而长期和平及发达的经济，让宋朝人开始安于现状却又不得不亡命天涯，疲惫之余逐渐开始重视内在世界。"人生自是有情痴，此恨不关风与月""笑渐不闻声渐悄，多情却被无情恼""雾失楼台，月迷津渡"，意味隽永、深沉悠长，在艺术表现方面，以宋词和文人画为代表，彰显出中国文化中平淡天真、直率自然、古朴简约的恬淡风格。而自宋代以后，中国文化的审美观也大致确立了下来，泽被后代以至今天。

中国传统审美观的确立，经历了漫长的流变，这一点，从女性美的标准上可见一斑。

原始社会，重视女性的生育能力，以丰乳肥臀为美，健壮、肥硕代表着旺盛的生育能力，能生就是美，这点估计很多人很难接受；先秦时期，土地肥沃而人烟稀少，审美观朦胧初现，对于女性美的欣赏开始依赖于自然清新的环境，"手如柔荑，肤如凝脂，领如蝤蛴，齿如瓠犀""昔我往矣，杨柳依依，今我来思，雨雪霏霏"，自然美与人体美的交感，是那个时期女性美的初步反映。

147

从汉代至魏晋南北朝时期，女性之美呈现气如幽兰、骨骼清秀的特点，赵飞燕体态轻盈瘦弱为当时女性美的典范；唐代是一个短暂以胖为美的朝代，不过，这种美，已经不再是原始社会时期的"能生为美""舞袖低徊真蛱蝶，朱唇深浅假樱桃。粉胸半掩疑晴雪，醉眼斜回小样刀"，杨玉环的丰满富腴之美成为当时女性美的标志。

宋代以后，对女性的审美标准，从唐朝的丰腴饱满，转变为宋人的"外枯而中膏，似淡而实美"，如同宋徽宗的瘦金体，灵动快捷，至瘦而不失其肉，隐隐可见风姿绰约处，所谓"天骨遒美，逸趣霭然"，既是对书法的赞美，更是对女性美最好的诠释。

关于中国女性的美学观念，在 1919 年五四运动以后，发生了巨大的变化：民主共和制代替传统君主专制，对儒家思想的抨击和反思，不仅代表着权威体制的崩溃，更代表着"三纲五常"封建思想对女性桎梏的瓦解。从此女性的审美观进入百花争艳、百家争鸣时代。

秋瑾："休言女子非英物，夜夜龙泉壁上鸣。"展现了新时代革命女性的刚健英姿之气；电影明星胡蝶的倩影玲珑、温润如玉，则代表着传统淑女的风范。摩登的大街上，旗袍与洋装并行不悖；古老的小巷里，宽衣长裙在"三寸金莲"的映衬下袅袅婷婷，既有第一代都市时髦女性追求自由时尚的前卫搭配，也有传统女性温良安静的大家闺秀风范。京剧和舞会，现代与传统，慢慢地交流融通起来，形成民国女性亦中亦西的违和之美。

1949 年中华人民共和国成立以后，中国女性政治和社会地位得到极大提升，强调"女人也是半边天"，女性正式全方位进入社会工作中。而社会主义建设时期的战天斗地精神，使得强悍有力的"女汉子"形象成为那个时代女性美的基本标准。

1978 年改革开放以后，时代快速发展，西方文化的传入，促进人人平等的社会环境的形成，让女性的社会地位有了巨大的变化。展现自我、表达自我、个性化、独立意识，成为新时代的审美趋向。

然而就在这个时期，中国女性自有的禅雅美，开始受到严峻考验，

《清明上河图》里面北宋都城汴梁的极目繁华；南宋临安城的小桥流水人家；成都的古巷里，青石板铺成的街道上垂柳迎风；江南的小桥畔，一袭青衣拂袖罗裙舞。这些正在逐渐地消失不见。

回望历史，我们不是沉湎于过去的繁华岁月坐井观天，更多是为了实现中国大美在当下中国社会的发扬。

在古代社会中，女性之美往往与自然之美等价齐观，诗人们往往以外在的自然秀美景色，比喻女性内在的温柔淑婉之美。苏东坡的"欲把西湖比西子，淡妆浓抹总相宜"，则是最好的例子。精巧地将女性的婀娜多姿比喻成西湖的艳丽风姿，令人神往。"西子湖"由此便成了西湖的别称。

不必过分依靠人为的涂抹修饰，举手投足之间，时刻都能展现美的风致。这才是中国女性的自然美。

中国古代才女辈出，琴棋书画、针织女红，一直都是作为培养女性的基础教程，而且在古代，有一种女性专用文字——"女书"，那是在湖南永州地区一种女性专用的书写方式。文字为蝇头小楷，娟秀细腻，造型奇特，古意盎然。文字书写，只有点、竖、斜、弧四种笔画，长菱形字形，可采用当地方言土语吟咏。旧时当地不少有才情的女子采用这种女性专用的"蚊形字"互通心迹，诉说衷肠，将其刺绣、刻画、戳印书写于纸扇巾帕，传记婚姻家庭、社会交往、幽怨私情、乡里逸闻、歌谣谜语，也编译汉文唱本。"女书"作为中国古代历史上特有的一种女性书写方式，对于普及文化知识、培养女性审美观有着良好的效果。

知书达理，颖悟天成。这是中国女性的才华之美。

有人可能会说，都什么年代了，还要求现代女性跟古人那样大门不出二门不迈啊。这是一个追求自由、追求个性解放的时代。

晚上逛街，是欣赏一个城市文化最好的方式。在城市最为繁华的商业街漫步，走不过一百步，就会有一种似曾相识之感：路北的快餐店跟北京王府井大街那家长得一模一样，路南的珠宝店好像上周就在上海南京路见到过；手里喝的奶茶，前天刚刚在成都宽窄巷子喝过，连店铺布局都是一个模子出来的……再走五百步，大概你就会疑惑：这里是北京吗？但是没有北京的宽阔大气；这里是上海吗？但是没有上海的绚烂洋气。不同的城市，同样的建筑，逛街，越来越没意思了。

既然逛街没什么意思，那就看人吧：这个女生看上去皮肤鲜嫩光滑，但是表情僵硬，一看就是打过水光针；那个女生脸上厚厚的一层粉扑，走路都在卡粉，不知道化淡妆的重要性吗；对面女生虽然穿着光鲜靓丽，但是请不要随意乱丢垃圾好吗……曾几何时，中国传统女性的温婉端庄之美，去哪里了呢？

这个时代的女人，是最忙碌的。在公司随时听从领导安排，及时安排督促下属工作；回家以后照顾家人，公司家庭连轴转，好不容易照顾完孩子睡觉了，深夜还要做好第二天的工作安排，每天难得有几分钟喘息的机会。

这个时代的女人，是最可怜的。面对90后甚至00后职场新人的竞争，总是要时刻保持紧张的状态；家长会上听完老师的谆谆教导，恨不得把恨铁不成钢的孩子再回炉重塑一遍；第二天上班，依然要面带微笑，自信阳光地面对堆积如山的工作。

这个时代的女人，也是最幸福的。只要能用钱解决的，都不是问题：看上一款LV包了？有钱！孩子上学交择校费？有钱！老人年龄大需要请人护理？有钱！"五一""十一"放假出门旅游？有钱！套用一句现在流行的话语：只要有钱，从哪里都可以飞到马尔代夫！

这个时代的女人，也是最自信。靠山山会倒，靠人人会老，一切只能靠自己：君不见，上午参加公司年度工作会议，下午撰写业务分析报告，晚上还要安排会员沙龙。每天满满的工作安排，虽然很累，但是更充实。每到年度表彰会，看到台下一众职场新人羡慕崇拜的表情，只想说一句话：女人，一样能顶半边天！

做女人，真累；做成功女人，更累。

每个女人内心深处都住着一位渴望被爱的"小女生"，只是岁月的磨砺，让太多的"小女生"变成了"十项全能"的"女汉子"。第自然，愿做中国女性之美的守护者！

具有中国美的女性，应该大气磅礴。

"生当做人杰，死亦为鬼雄。至今思项羽，不肯过江东。"北宋末年，李清照南渡江南，感慨国破家亡，四处飘零，词风沉郁悲壮，感动千古；明末清初，江南人柳如是倾尽家财，助饷义军，以自家为地下联络点，为义军传送密信，义军起事前夕，她亲赴舟山慰劳，对母文化的坚执与痴情天地可鉴；民国时代"一身诗意千寻瀑，万古人间四月天"的才女林徽因与梁思成伉俪情深，他们开创的中国古代建筑史研究为中国传统文化的传承作出了不懈努力；如今，在中国经济的快速崛起中，更有肩负着复兴中国国货、塑造"中国智造"的一大批巾帼英雄（董明珠、杨澜、柳青、柳甄等），她们在各个领域为中国经济的发展作出了突出贡献。

具有中国美的女性，应该柔情似水。

窗外，夜雨初歇，天色依然还是阴沉，"碧云天，黄叶地。秋色连波，波上寒烟翠"，执一把雨伞，独倚明月楼高处，看这山映斜阳天接水的秀美风光，内心也充满着脉脉含情之意；"妆罢低声问夫婿，画眉深浅入时无"，两道远山眉，一汪秋水眸，理罢笙簧，对菱淡妆，纱厨枕簟，在夜晚凉风拂面之际，冰肌莹润，雪腻酥香，好美！

具有中国美的女性，应该坚韧不拔。

孟子的母亲为了给儿子提供一个良好的环境，多次搬家，为孟子成才提供了良好的学习条件；王昭君，千里迢迢，风餐露宿，和亲匈奴，"三世无犬吠之警，黎庶忘干戈之役"，成就汉匈边境半个世纪的和平；当代女性作家"最后的贵族"郑念，出身名门，风姿绰约，极富个人魅力，在时代浩劫中饱受摧残，依然坚持高雅尊贵的生活作风，真正展现出女性特有的矜持、清雅气质。女人，因高贵而美丽！

第自然，尊重现代女性强调自我彰显、自我表达的需求，深知只有内心拥有足够的力量，才能无惧岁月带来的伤害。中国美学博大淳厚，历久弥新。第自然不仅仅只是化妆品的生产者，更是中国美学的倡导者。倡导由古至今一脉相传的美学精神，让中国之美在当下再现它原有的禅雅大气。

如今，我们在不懈努力之中。

窗外早已华灯初上，一辆辆车从楼宇间疾驰而过，逐一消失在寒夜中，流动的光影、远处的路灯融为一体，似真如幻，朦胧着现在，迷离在未来。

中国的美是流动而空灵的，如山涧流水，溪流潺潺；似波涛咆哮，雷霆万钧；如窗前暖阳温柔的照耀，如黑夜里那盏微光的关怀。

在未来的第自然门店里，除了在店面设计方面更加接近禅文化特色基调以外，内调、外养将会紧密结合，在为顾客提供专业禅护的基础上，搭配内调类花果茶、压缩糖果、胶原蛋白等多种禅美食品，实现从内而外的一系列禅护服务。让每一位第自然顾客，真正能够体验中国传统美学中的恬静淡雅、清丽端庄的气质。

"气质美如兰，才华馥比仙"是女性的秀外慧中的知性之美；"珍重芳姿昼掩门，自携手瓮灌苔盆"是女性的端庄高雅的仪态之美；"曾经沧海难为水，除却巫山不是云"是女性的坚贞忠诚的内在之美。

每一种美有每一种美的气质，每一种美有每一种美的风姿。中国美是包容的，百花齐放，百家争鸣；中国美又是高贵的，真诚纯净，一尘不染。让每一种中国美都能展现出它特有的风韵，让每一种中国美都能展现出它绚烂的风采！

第自然美学，不是单纯的肌肤护理，更不是肤浅的产品营销。发现美，成就美，展示美，让中国大美传播于全世界，让华夏禅文化照耀在每一个中国人心中！

爱国，可以有很多种，做实业便是其中的一种。

自从晚清被列强的枪炮打开国门以来，中国迎来了"千年未有之变局"，经过150余年的发展变化，如今的中国正值有史以来经济繁荣、科技进步的黄金时代，对于有幸生活在这个时代的人来说，应当感谢前人"筚路蓝缕，以启山林"的开创精神，而为后代人留下更美好的世界，是每一位中国人义不容辞的责任。

我们不是军人，或许无法扛枪驻防、保卫边疆；我们不是科学家，不能在实验室里研究分析分子构成，为中国农作物的增产增收作出自己的贡献；我们更不是政治家，或许无法在会议桌前，纵横捭阖、运筹帷幄。我们只是一些热爱国货、支持国货的普通人而已。

我们希望有一天，当国人想起化妆品时，第一个品牌不再是××堂、××雅、××吟、××宝，而是中国的第自然；我们希望有一天，在巴黎香榭丽舍大街、在东京的心斋桥、在纽约的麦迪逊大道，随处都可以看到第自然的门店；我们希望有一天，你使用第自然禅品精心打扮，面带微笑地走在伦敦、罗马、巴黎、纽约的大街上。

我们希望有一天，百年以后，当我们所有创业者都已经离开人世，第二代甚至第三代第自然人指着墙上一排排前辈的照片，骄傲地说："看，那是我爷爷（奶奶，爸爸，妈妈……）！"

写到这里，小河君又敲我的办公室门了，最近，第自然新品又要准备上线，今晚大概又要熬夜了，不过，这夜，熬得值！

国第·千家

很想知道，第一千家第自然门店落地后将会是怎样的？

自己心里也在问：我们能够做到第一千家吗？

这也许是痴人说梦，也许是命中注定，痴人说梦与命中注定。从词义上来说，一个是凭妄想说不可靠或根本办不到的话，一个是产生何种念头即会种下何种因，将来即会受到何种果报，一切只在一念之间，只是有的迟来有的早来。

想到了愚公移山的故事，愚公说：我死了有儿子，儿子死了还有孙子，子子孙孙无穷无尽的，又何必担心挖不平呢？

但是，如果愚公的数千万子孙，比如第 9530 代，他不愿意移山了，那该怎么办？

这是一个尴尬的事情。

但这个事情的发生概率往往却又是极高的，而且是不可避免的事实。

我们绝对不能指责这位子孙做的不对，而且也要反观愚公，孔子有一句名言，"己所不欲，勿施于人"，这句话的原意不再赘述。换种说法即是自己特别喜欢做的事，并不代表别人也喜欢做，不能以血缘关系等因素强迫别人做，比如有人喜欢做"汉奸"，他对他的儿子说："我喜欢做汉奸，你也得必须做"，这是讲不通的。

这也不行那也不行，怎样才行？如果一件事能够持续几年、几十年、几百年被不同的人认可并"接班"去做，只有一个前提条件，那就是这件事本身的价值导向不受时间限制且永远符合群体内所有人的想法。

回到痴人说梦与命中注定，我认为第自然做到第一千家，既是痴人说梦，也是命中注定。

痴人说梦，"凭妄想说不可靠或根本办不到的话"。首先来看这句话的两个关键词，一个是凭"妄想"说，另一个是凭妄想"说"，"妄想"和"说"，都是没有实际行动做支撑的形而上学，即便天花乱坠，即便天马行空，结局都是痴人说梦，这个毛病，无论世界五百强企业还是街头卖烧饼的武大郎，在企业创立初期，往往都会犯。例如，一个会议血脉偾张地开两天两夜，成功地满足了阿Q精神需求外，剩下的只是倒头大睡，这种"打鸡血"会议也许你我都曾主持或参与过。这种会毫无意义，甚至会扼杀掉一个很好的项目，少说多做，用实践证明，虽然过不了嘴瘾，但行之有效。第自然的内部会议基本维持在5分钟~1小时，这是我们自己的"潜规则"，只有行动派才能在第自然团队中生存下去。

那为什么说是"痴人说梦"呢？

我分两个方面来解释。

第一个，建立在完全拒绝痴人说梦基础上的"痴人说梦"，不妄想，不瞎说，行动，这只是第一步。问题往往就出现在行动之上，当一个人主观意识完全掌控行动后，最容易陷入的一个僵局就是明知能力不足，却依然死扛，拒绝融资，拒绝分权，拒绝共享。无论是何种动机，这都是错误的。所以如果问我第自然是谁的？我可以完全坦言：第自然是属于"强国货梦"之众人的，第自然的"痴人说梦"，不是妄想，不是不做，也不是搞第式独权王朝，而是强烈需要看到此处文字的"你"的支持或合作，第自然的团队目前再强大也无济于事，仍然是大海中投下的一颗小石子，有更多强"国货梦"者的加入，才可以拥有"团队没有最强只有更强"的可持续原动力。

第二个，不得不承认的一个自身缺点，就是太过勤奋，此处绝非王婆卖瓜。我相信每一个创业者共同拥有的一个特点，就是勤奋。太过勤奋，往往铸成大错。你可能会想，勤奋怎么就成了缺点呢？不怕不勤奋，怕的是一味地勤奋下去、没有经过思考地勤奋下去。如果只有勤奋而没有思考，那迟早会被"勤奋"禁锢了思考。这是一种思维上的"痴人说梦"，也是最为悲催的和可恨的思维误区，"天道酬勤"这四个字，真心害了很多人，克服不了这种思维困局，第一千家第自然专卖店就真的是痴人说梦了。

外在的勤奋往往掩盖住了我们的隐患——思维懒惰，举着"天道酬勤"的真理大旗，奢望用肢体勤奋掩盖思维懒惰，那到头来就是：瞎忙。

思维懒惰表现一：从来不喜欢把一件事情想透彻。进行逻辑缜密的思考前需要做充分的准备，掌握足够的事实基础信息，梳理出清晰的脉络，不断推敲每个层次之间的逻辑关系然后得出结论，而往往我们经常用"这么忙哪有时间去分析"的借口，一而再，再而三地去推托。很多人会在这个过程中轻易采信未经证实的信息，并忽略有矛盾的逻辑关系，最终导致结论错误。把事情想透彻，就是抓住事情的本质，本质抓不到，一言不合就是歇业大吉。

思维懒惰表现二：不愿对类似问题加以标准化防范处理，天天在"救火"。当问题发生后，不仅要解决问题，还要追究问题发生的原因，例如现行的制度、方法哪里出现漏洞，根源是什么？并设立相应的防范机制，避免衍生同样的问题。设立防范机制，就是设立标准化流程，所以，你会看到，第自然居然有那么多的标准，就连店员迎宾前双人互检工装这一个动作，都有一页的详细操作说明。

思维懒惰表现三：思维惯性。当别人提出反对意见或挑战时，是否不假思索就反驳？或者你已经学会了谦卑，习惯性地接受（忽略）？对反对意见或挑战的分析，不仅需要套用在自己的逻辑框架下分析，还应尝试打破自己的逻辑框架，尝试用对方的逻辑框架来思考、分析其逻辑的合理和矛盾之处。尝试去理解一些"不合理"的事情终会受益匪浅。存在即合理，接受这一点，就会让逻辑框架更明确、更牢固，这个懒惰，我这人就有，改了，才知道在不具备这一"勤奋"前否决掉了多少优秀的方案。

思维懒惰表现四：没有格局观。人们常说的在公司内要做正确的事，不要做好事，就是强调要有格局观。格局是从眼前的事情中跳出来，把时间和空间的坐标轴拉长，在全局的范围内来分析问题，比如一种特定的做法从长远角度对整个局势会产生什么样的影响。没有格局观的人，通常会用自己那点可怜的道德（无论是职业道德还是社会道德）来做伪装，其实这样会很累的。相信每一个团队，包括我们第自然团队，总会出现一些部门间的钩心斗角现象，这常常会让我头痛欲裂，总感觉一只手里端着五六碗水，都要端平，怎么可能？规划设计部强调它们是总部不可或缺的一部分，运营督导部强调它们是总部连接门店不可或缺的一部分，品牌管理部强调它们是品牌建设的最高点。这些都是正确的，但是处在不同维度上，谁都是中心，那就没有中心可言。后来找出解决办法，一旦出现扯皮纠纷，各打五十大板，勒令自我反思。跳出来树立格局观，明确自己这颗螺丝钉到底要拧在什么位置，慢慢地格局观也就建立起来了。

思维懒惰表现五：固守旧习。我们曾经做过一个线上投票活动，小河君幽默地给活动起了一个名字，"就要包养你——面膜免费用一年"（其实是就要"禅养你"，文人骚客，理解万岁！），得票最多的顾客可以获得一年的面膜免费使用优惠，而要回答的问题十分简单：当你走进第自然，最触动你心的是什么？答案字数不限。结果出来后，有的一条留言竟然四五百字，也是很触动我们的。记得当时小河君深夜 11 点给我打电话，哭得稀里哗啦，说顾客写得太好了，所有的付出都是值得的云云。好吧，我们边"哭"边逐一从这些留言中筛选触动点，比如装修、禅品使用感，筛选完毕后发现这些从众多顾客笔下写出的触动点，竟然如此相似，大约在此一个月前，我们举行过类似的活动，筛选完后和上次结果一样！这就是人问题了，这种简单的方式直接证明的便是：我们在固守旧习！必须开始挖掘新的触动点。

以上五种思维懒惰表现是最为常见的，分享给大家，不喜勿扰。一旦一个公司患上了"勤奋懒惰症"，就意味着高度危险！再多的付出也只能得到一个结果：痴人说梦。

再来看"命中注定"。

一谈到命中注定，仿佛立马陷入了唯心论，"产生何种念头即会种下何种因，将来即会受到何种果报，一切只在一念之间，只是有的迟来有的早来。"这不是唯心论是什么？

那么如果你对辩证唯物主义因果律有所了解，相信怀疑唯心论的朋友又会倒向唯物论。辩证唯物主义因果律原义如下：即任意宇宙状态，都是其之前宇宙状态积累的结果，任意运动状态均是其前运动状态积累的结果。即什么样的因，对应什么样的果，其具有最为广泛的普遍性。

"命中注定"到底是唯心论还是唯物论不重要，重要的事情往往被淹没在无休止的争论中。

第自然第一千家店的愿望，我承认这带有本人的私心，我们都一样，就像看着自己的孩子，总是会希望孩子未来更加美好，抛开所有的身外名利，相信只要一个人有了自己的孩子，当这个鲜活的小生命捧在自己手心，当这个鲜活的小生命纯真地看着你，命中注定的一件事便发生了，这件事极其微妙，就在脑海里闪现，像一道灵光，包围全身，暖暖的。

我敢说"千店"是"命中注定"，是因为我承认一个事实：第自然不姓朱（本人姓朱），第自然不姓第，第自然姓百家姓，第自然名为新国货，从一开始创立第自然直到未来，第自然的一组基因代码属性便是：共生共享。

她是属于大家的"孩子"。

可以明确一点：我孤身一人耗尽此生奋斗于第自然，实现千家第自然就是货真价实的"痴人说梦"，但我依旧深信第自然"千店"是"命中注定"，因为有"你"。

这不是什么演讲，不需要激情澎湃；也不是什么劝说，不需要动之以情；更不是什么洗脑言辞，不需要一顿心灵鸡汤。这是一个事实，第自然只是一种表象，尽管实体店在那儿摆着，实质源于每个人心中都得承认的一个事实：国货不行，亟待加强。

上文提到过两件事：第一件，如果一件事能够持续几年、几十年、几百年被不同的人认可并"接班"去做，只有一个前提条件，那就是这件事本身的价值导向不受时间限制且永远符合群体内所有人的想法。这件事，我没有回答。

还有一件是，我自己的孩子来到人间带给我的奇妙感受。这件事，我也没有回答。

提到的这两件事，本质上来说其实是一件事，看到此处的你以为又是劝导你与第自然合作，那就真的是大错特错了。

什么样的事情可以不受时间限制，不受领导者变更，甚至不需要太多的教导，而大家依旧心有灵犀地在"接班"做？

这种事情可以用最简单的两个字来概括：使命。

汉字文化博大精深，当我们说起"使命"两个字，大家可以很快理解：噢，这是一个高高挂起的名词，通常出现在教科书上，比如"历史使命""不辱使命"等，又或者"企业使命""国家使命"。

"使命"没有那么遥不可及，那么什么是使命呢？使命其实就是：使着劲拼命干！

再来看一个名词：共鸣。共鸣同样是一个容易理解的词，物体因共振而发声的现象，例如两个频率相同的音叉靠近，其中一个振动发声时，另一个也会发声。心灵一旦产生这种共鸣，就是佛家所讲的缘分了。

两个频率相同的音叉，没有触发它们的一根指挥棒，没有敲击这个动作，不存在共鸣。生活在祖国960多万平方千米土地上的每一位中国人，其实内心深处都埋藏着频率相同的"音叉"，"命中注定"，会有一个人拿起指挥棒，轻触我们内心的这根"音叉"，而这根"指挥棒"，就是用强国货之梦铸成。

前面我们聊过老国货、聊过"国货运动"，所以在此，向曾经拿起过这根"指挥棒"的先驱们致敬，轻轻一触间，五湖四海群起共鸣，共鸣之声其实也是在提醒我们：勿忘使命。

那么新时代的我们，还有多少人记得我们身上的使命和担当？

还有多少创业人的情怀里，残留"使命"两个字？

国货兴亡，匹夫有责，强国货，只是组成强国梦的一分子。在国货羸弱不堪的现状下，希望我们每一位都能够搁置异见，拿起手中的"指挥棒"，担当起这一分子，担当起这份使命，担当起这份荣耀。

也许未来的某一天，第自然会死掉，就像人这一生的生、老、病、死，这是再寻常不过的一件事情，第自然没有畏惧过死亡，反而备感自豪的是，第自然即便在倒下的最后一刻，血液里流淌的依旧是新国货之血！

强国货使命，华夏子孙的"共振共鸣"，沉甸甸的价值导向，必定指引未来上百年数千万华夏同胞"接班"去做，这也就是第自然"千店"实现的源源动力。今天，我本人产生国货振兴的念头，相信看到此处的你，也会不甘于国货衰败的现状；今天，一起种下强国货之因，必定得到强国货之果报，一切只在一念之间，那一天，也许我们这一代看不到，但一定会到来！

在我们热爱的这片热土之上，到处可以看到属于我们自己的新国货，在自己的家园看到自己的东西占据主流，这本是理所当然的事情，今天，我们看不到，这是一种莫大的耻辱。一起担起使命，首先完成的并非国产品牌名扬海外，而是恢复行使我们的国货主权，恢复行使我们的国妆主权，这需要千万人脚踏实地地努力！

文至此处，第自然实现"千店"，辩证地来看，既是"痴人说梦"，也是"命中注定"，一念之间，彼此会心。

第自然的未来是开放式的，"闭门造车""故步自封"，这两个成语在第自然的字典里永远不会存在。

我们带领的是开放式团队，先来分享一下什么是开放式团队，开放式团队是由两个或者两个以上的，有相互影响的个体（团），为了特定目标而按照一定规则结合在一起的组织，我们特定的目标，便是振兴国货。

我们设立了针对不同属性群体的接口，例如从本身便是使用第自然禅品的会员中，我们设立了"东方禅雅汇"会员组织，鼓励那些既对禅品感兴趣，又对第自然品牌感兴趣的会员加入；例如学生群体，我们发起了"百鸣店长"计划，第自然在用人筛选上不完全看重学历，学历只是证明过去的一张纸而已，我们看重的是能力。很多人说能力不好定义啊，确实不好通过可能只有半小时的面试来定义，所以第自然在纳才这一环节是比较宽松的，给你平台给你一定的时间，给你我们想要的目标，去做，做出来就留下，否则拒之门外。给每一位有志于国货的零经验应届生一个平台，从"小白"到股权制店长，零经验入手，老员工带新，成熟掌握后经过测试，完全具备店长资格后根据表现给予股权分配，从股权制店长到自主创造属于自己的门店，这一过程可能需要两三年的时间，也可能一年就实现。什么是人才？人才不是印在纸上的毕业证书，人才是实践磨炼出来的。我认为能够完成常人想象中不可能完成的任务，就是人才！从股东到合伙人的转变，我们将给予丰厚的政策倾向等。

"开放式团队"其实不难理解。

首先，一个打造强国货的集合团体，每个团队、每个团队成员都归属于我们这个集合团体，团队里个人的成绩会影响到团队的名誉，而团队的名誉又会反作用于团队的每个成员，因而每个成员都是荣辱与共的。团队里每个成员都要尽力做好自己分内的事，为国货荣誉而战！

其次，开放式团队相当于一个有组织的人才平台，签订协议后，团队里的任何几个人都可以协商组成小队，然后以自己的模式（可以是传统团队模式）做事，但是不仅是自己的小队单打独斗，而是带着团队的属性，小队与团队之间互相作用，团队又作用于其他各个小队，一旦发现"割据纷争"，启动熔断机制，排除"异己"。

在保持自有特性下，熔断机制建立在"5P原则"之上，以下是建立在管理学家罗宾斯理论基础上的构想，分享给大家。

以罗宾斯"5P原则"为基础的应用：

1. Purpose——目标，振兴国货

振兴国货，这是既定的目标，也是团队的"导航"，更是团队的使命，如果不知道要向何处去，没有目标没有使命，这个团队就没有存在的价值。团队成员无论是个人还是小队，其目标必须跟整个团队的目标一致，大家合力实现这个共同的目标。同时，目标还应该有效地向大众传播，让团队内外的成员都知道这些目标并认同这个团队。

2. People——人，可以无编制，但是有纪律

人是构成团队最核心的力量。两个以上（包含两个）的人就可以构成团队。团队又由个人和固定或不固定的小队构成。目标和使命是通过成员具体实现的，所以人员的选择是团队中非常重要的一个部分。在开放式团队中有计划地吸收成员，可以无编制，但是要有纪律，还要有人去监督团队工作的进展，以及团队内外对团队自身的评价，并且针对这些评价能够实施相应措施。

3. Place——定位，就像一场足球赛，踢什么位置很重要

团队的定位，团队在竞争中处于"中场"地位，是决定前端业务拓展和后方供给的关键位置，简而言之便是承上启下、承前启后。由董事会选择和决定团队的核心成员，团队最终对董事会负责，在奖惩方面，团队采取众议投票方式奖惩小队，小队内自主奖惩。

4. Power——权限，权限就是责任

团队当中主持者的权限大小跟团队的发展阶段相关，一般来说，团队越成熟主持者所拥有的权利相应越小，在团队发展的初期阶段，主持者是相对比较集中。团队权限关系的两个方面如下：

（1）整个团队在组织中拥有什么样的决定权？例如奖惩最终决定权、人事决定权。

（2）组织的基本特征。例如组织的业务有哪些类型。

权限问题，需要作进一步分析，目前我没有规则，因为这不是一个人的事，这是有志于国货振兴的所有同人的事。

5. Plan——计划，有计划，才有所成

计划的两层含义如下：

（1）目标的制定，需要一系列具体的策划方案，制订一系列的发展方向和团队导向说明。

（2）最终目标建设，整个团队最终在社会中占据什么样的位置。

如果你是一位从第一个字坚持看到此处的朋友，我非常感谢你，也希望你把我们的"国货梦"分享出去，第自然，是一个平台，不是一个纯商业性质的买卖，如果你对第自然的存在状况还有疑虑，下一章，给你答案。

这就是第自然。

第七章

「这，就是新国货第自然」

做新国货，有理有据有意义

做新国货，为什么是有理、有据、有意义？

反观当下的国内市场，一边是堆积如山、无人问津的"中国造"，另一边是万人空巷、疯狂抢购的舶来品，这一幕天天发生在你我眼前，这便是中国特有的现实情况。

我们既是物阜民丰，我们也是羸弱不堪。

国内，其实根本不缺产品，只缺好产品，结束"中国制造"时代，开启"中国质造"时代，希望从我们这一代开始。国货，不再是粗制滥造，国货，不再靠量仿冒袭！

做新国货，百般犹豫，千种纠结。万事开头难，第一难，便是品牌故事。

当时我们在想，我们的品牌故事需要怎样讲述，是应该渲染经受了怎样的刺激而发誓振兴国货吗？不是，是应该宣传看到了某个场景而激发爱国之心吗？不是，是应该感悟参与了某项活动而激起民族复兴情怀吗？不是。

关于第自然，我们没有严格意义上的品牌故事，只有一群朝气蓬勃的年轻人相循禅求美的历程。故事总会结束，而筑梦才刚刚开始。华夏五千年文明，本身便是一幅浩荡壮丽的中国美学画卷，翻到我们所在时代的这一页，不能让中国美断流，不能让中国美失去本貌，我们尝试打造一个完全符合中国女性肤质特点的民族护肤品牌，其品牌标志如图7-1所示。

这便是第自然为之努力的事业。

图7-1 第自然中国美视觉标志

完全符合中国女性肤质特点的禅品，需要由哪些要素构成呢？在前面，我提到了"一方水土养一方人"，不过，单单只是本土成分是不够的，更需要的是，我们在这片热土上五千年养成的生活方式，生活习惯、生活方式不能丢，我把我们的生活方式归纳为"禅生活"，也便是自然而然的生活，依靠我们的思维方式去生活，依靠禅养去绽放中国美。第自然禅养便应运而生。

那么，什么是禅养？

禅养，即通过嚼、饮、服、拭、敷等数百余种天然禅品，按照"内调、外养"双重理念实现肌肤的自然养护；以禅雅视觉格调、禅静听觉元素、禅润触觉质感，倡导自然而然的禅雅生活方式，由内而外，举止间绽放万千女性与生俱来的中国美。

中国美，是怎样的呢？

中国美，安静、淡然；中国美，灵气、大方；中国美，由内而外，焕发自然；中国美，举止之间，禅雅姿态。

大美无言，大美自然，大美即禅。

我喜欢称带有中国美的女性朋友为美者。美者，内外兼修，从容谈笑；美者，禅雅姿态，闲庭信步；美者，由内而外，焕发自然。

美者，或许并非你我，而正是我们的大自然。去聆听百鸟的歌声，去嗅闻野花的清香，去感受清风的柔拂，于大自然怀抱中，轻舞着属于自然的脚步，舒展着属于自己的纯美。

写至此处，再来看"做新国货，有理有据有意义"，答案其实就在你我心中：第自然，虔修华夏禅宗思想，以赤子之心，探索天人合一的无穷智慧；恪守自然造物法则，以匠人之心，归还自然而然的禅肤本貌。第自然，汇天地万物灵气，眷润您的每寸肌肤。掘初心求美源泉，绽放您的素朴禅美。我们倡导自然而然的禅雅生活方式，追寻简单快乐的禅美胴肌体验。

在第自然，一起找寻不一样的禅养秘密。

在第自然，一起遇见不一样的禅然魅力。

和我一起行动，怎么样？

我们一起登山探林，循方问典，或许下一站，我们的抵达地就是你的故乡！就在你我最熟悉、最容易忽视的山间一隅，又或是路边草丛，蕴藏着中国大美之源——朴素无华的一株樱草，迎风倔强的一簇杞藤……

做新国货，有声有色有态度

常常有人问我这个问题："你理想中的最完美的第自然，是怎样的一幅场景？"

不完美，就是最完美。

一直认为，第自然永远都没有最完美的时候，而我们每一分努力，只是让它更接近完美，让它有声、有色、有态度。

第自然最好的、最完美的门店，永远是即将营业的下一家。到目前为止，第自然实现了九个突破，这些突破只是万里长征第一步，图7-2为第自然首家门店。

突破点一：明确禅养主题。

图7-2 第自然首家门店掠影

以禅雅视觉格调、禅静听觉元素、禅润触觉质感，倡导自然而然的禅雅生活方式。由内而外，举止间绽放万千女性与生俱来的中国美。

突破点二：做到首家"内调、外养"跨界品牌。

通过嚼、饮、服、拭、敷等数百种天然禅品，按照"内调、外养"双重理念实现肌肤的自然养护。

突破点三：要么不做，要做只做最具东方特色的禅品。

取国外单品牌店商业模式之精华，去品类混杂之糟粕，以东方肤质特点为基准创新创立的第自然单品牌店，将成为中国护肤品行业未来的主流趋势。图 7 - 3 为第自然门店东方美产品。

突破点四：一站式覆盖任何肌肤需求的单品牌店（对，全覆盖）。

图 7 - 3　门店东方美产品掠影

临镜观莲、体物缘情等十余种品类，青丝盛鬓、担水善润等数十种系列，补水、保湿、美白、祛斑、抗皱、弹润、防晒、排毒、瘦身、护发等数百种禅品，一站式购齐。

突破点五：要环境雅致，更要价位亲民。

大到店面环境，小到禅品包装，第自然均坚持精、雅、韵；而禅品价格定位适合中国大众消费群体，只为追求自然而然的信任和一如既往的高复购率。图7-4为第自然门店雅致环境。

图7-4　门店雅致环境掠影

突破点六：以现场用户体验为核心。

第自然始终关注顾客的现场体验，在门店规划过半面积打造顾客体验区，在溪水潺潺、梵音缭绕中，来一杯茶香热饮，免费体验护肤之美，感受生活之韵。图7-5为第自然门店异形体验区。

图 7-5　第自然异形店位掠影

突破点七：交互联结一切。

第自然会员可免费加入"东方禅雅汇"，定期专享禅修、护肤、料理、亲子等沙龙活动，现场与权威导师面对面沟通交流，消除护肤认知误区，解决常见护肤问题。如图7-6所示。

图7-6　第自然东方禅雅汇会员到店

突破点八：自然生活，禅养到家。

融合"禅养到家""互联网＋售服"一体延伸理念，与线上导师悉心沟通，专属一对一定制服务，实时解决肌肤小问题，新鲜面膜周周配送，侧面带动门店顾客流量。如图7-7所示。

突破点九：分享、分享、再分享！

通过朋友分享到社交圈的专属海报，快速获得禅养体验券，约好闺密一同到店做个禅养护肤；分享者收获消费积分，积分兑换无区域、品类、时间限制，可终身免费尽享所有禅品及服务。

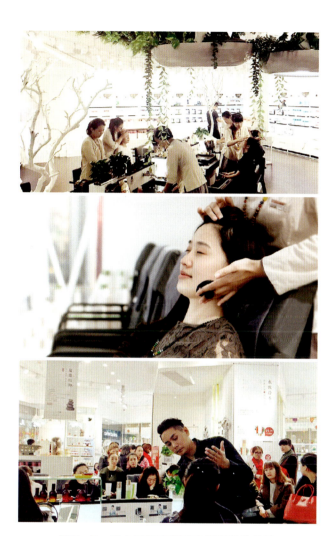

图7-7　线上导师定期到店讲解禅养护肤

做新国货，有根有底有利润

所谓在商言商，再浪漫、雄伟的情怀，总要落实在实际的工作中。

讲得再好，产品不好，一切是零，优良的品质，是企业坚实发展的基础。第自然新国货，就要有根、有底，才能真正有利润。

身心一体，内在心境平和安详，外在肌肤才能光泽润洁。调身先调心，给内心留一片山光水色修篱种菊，尝几片天然原生植物精华脆；静听禅音，品一杯禅养护肤茶；闭目闲然，修一袭禅美自然态。

无穷般若心自在——内调，请给内心一个悠闲自在的可能。

从容淡定，无我无执，便是每个人无穷般若的智慧之源，禅养之心，不染风尘，天涯海角，尽在心间；繁华尘世里，去享受家常的温暖，去憧憬平实的梦想，自由自在，真实坦然，不抱怨，不心灰意懒，温润地过好每一天。

食美：色、香、味，是美食；精、气、神，需食美。

啜韵：啜饮之意，在乎禅雅姿态。

静心：真正的平静，不避车马喧嚣；于内心深处，循禅修篱种菊；舒适的软椅，入微的手法，摘取耳麦，闭目听禅，浅睡小憩。

平绪：肌肤有情绪，实则内心多不安。不可能永远开心或低沉，需要一处倾听，需要专业人员照料，肌肤小情绪放心交给他。如图 7 - 8 所示。

工艺制压缩食品、饮品：其貌不扬，其味不佳。总有这样的食材，我们知道其好，却无奈称之苦口良药。我们决定改变这一无奈：开石制研，

食美

色、香、味、是美食
精、气、神、需食美

平绪

肌肤有情绪
实则内心多不安
不可能永远开心或低沉
需要一处倾听，需要一师照料
肌肤小情绪，交给他

内调

静心

真正的平静，不避车马喧嚣
于内心深处，循禅修篁种菊
舒适的软椅，入微的手法，
摘取耳麦，闭目听禅，浅睡小憩

啜韵

啜饮之意
在乎禅雅姿态

图 7-8　第自然内调四大模块

麻石为磨，取料或研磨或压缩。工艺的伟大之处，就是不变其本质使其化茧成蝶，有色相，有口感，才有接受。

自然零食类：一吃必胖，一吃必丑，可总是有止不住的瘾。有瘾有毒，这就是洋垃圾！自然食品、健康零食，不会一吃就上瘾，却越吃越健康，我们费尽内调"心机"，愿你早日戒胖丑"毒瘾"。

花果茶饮类：饮料，天天喝，碳酸饮料、咖啡（因）、珍珠（明胶）奶茶等，除了好喝、短时提神之外，还能带给你什么？带来牙齿松动、胃酸……来一杯护肤茶吧，花果茶遍地都是，但精心配制达到指定美容效果的你喝过吗？少则三五种，多则十几种天然晾干植物花成分，切碎，配方比例严格搭配；玉米需制成网兜兜住，冲泡取液，加一份牛奶，根据个人偏好放入天然小粒果肉，摇匀；中式茶饮奉上，要美感、要美味，美美来一杯，就要禅雅大美。如图 7-9 所示。

中国特色饮食类：我们坚守"工匠精神"，我们更乐于以"工蜂精神"分享与奉上。登山探林，大美无处不在，或许今天，我们飞到云南

图 7-9　第自然茶第护肤茶掠影

客家地，或许明天，我们准备向青海祁连山进军；循方问典，探索内调美材，汇特色饮食于第自然，奉华夏大美于每一位，中国大美，有你，更美！

语默动静体自然——外养，请给外肤一个焕发自然的可能。

美是一种选择，甚至是一种放弃，而不是贪婪。在众人为美而皆快时，请放慢你的脚步。一个人，去聆听清泉的叮咚，去拥抱泥土芬芳的大地，去盛享生命的清幽，去领略肤体融入自然时的美妙，一念一悟中，一心一禅然。

发首相知：薄纱浅遮，遮三分西窗烛影，盛鬓深掩，掩一处东亭翘首，竞相猜，无处寻，

发首相知，垂髫摇双桨，采莲清江上。如图 7-10 所示。

临镜观莲：泛舟碧波间，听桨声灯影里的芳华粼粼，笛声未央里，看宫商角徵中的铅华无言，临镜观莲，身外镜，亦无莲，心内静，亦有莲。如图 7-11 所示。

体物缘情：飞鸟，鸣落枝头，不探穹际，却翔万里；落水，飞流直下，不知动静，而成四海。千理万物，得一自然，体物缘情，心归禅然，得体若仙。

图 7 – 10　发首相知类禅品掠影

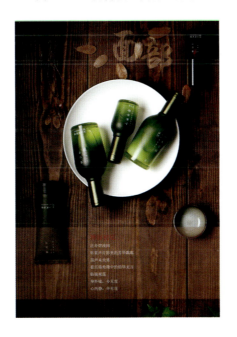

图 7 – 11　临镜观莲面部禅品掠影

　　纤手细步：携竹伞，一把；绾垂鬓，一缕；披青染，一袭；迈婀娜，一步；青山黛瓦间，绿水长天下，纤手细步，纤纤绰影之间，流露岁月静好。图 7 – 12 为第自然吐故纳新禅品。

怡然小物：锦鲤隐于莲，黄莺隐于林；小隐隐于野，大隐隐于市。车马喧闹间，燃香品茶，晓镜问禅；勾勒笑谈间，怡然小物，嚣上尘世，自得其乐！图7-13为第自然担水善润禅品。

图7-12　第自然吐故纳新禅品掠影　　图7-13　第自然担水善润禅品掠影

城北徐公：倚风而吟，依念而行，青衣一袭，素面朝天，禅卧竹林边，披天为褥，铺地为床，风一样的男子，城北徐公，看远一些，走远一点。如图7-14所示。

禅面初见：人生若只如初见，无憾，初见之见，彼身之感，彼时彼身，空时空身，今时今身，何来初见？放空，即见，禅面初见，当怀初心，人生莫不如初见。图7-15为第自然禅养护肤禅品。

山堂皂驹：东山湖上夕阳畔，稚童老牛漫，燃檀暗香染风度，野岸舟横，顾舟上驹，望浣纱还，山堂皂驹，万缕青烟，落一处。图7-16为第自然手作冷制酿皂禅品。

"清水出芙蓉，天然去雕饰"，诗仙李太白以通俗而精妙的语言阐释了

图 7 – 14 第自然城北徐公男子禅品掠影

图 7 – 15 第自然禅养护肤面膜掠影

中国自然仪态之美。不假过分修饰，淡抹一层乳霜晕染，款款闲适而来，自然之美，宛若天成。

有人问我，第自然的梦想是什么？我说，第自然的梦想很大很大，大到成为中华民族化妆品首屈一指的品牌，与国际一线化妆品品牌比肩而立；第自然的梦想很小很小，小到融化进每一位顾客的生活中。困了累了来第自然做个禅养护肤，烦了躁了，来第自然听听音乐、聊

图 7-16　第自然手作冷制酿皂掠影

聊家常、谈谈生活。让第自然成为老百姓的一种生活方式，就是我们最大的心愿。道阻且长，行则将至，期待有同样梦想的你和我们一起前行！

第自然，不只是禅养护肤，更是倡导一种自然而然的禅雅生活方式，引领有中国民族特色的独立消费观，绽放炎黄子孙与生俱来的中国美——这是我们的初心。

横行禅道：听、嗅、嚼、饮、服、拭、敷……衣食住行，禅养呵护，提供（包括但不限于）护肤品、食品、家具、服装等综合类禅品及服务。

纵润八方：深耕三四线城市及广阔乡镇市场，誓营 40000 家"国第"，做让中国老百姓用得起的新国货民族品牌。图 7-17 为第自然禅品规模扩充示意图。

五千年文明，五千万"第粉"：在不久的未来，工作之余去第自然做个禅养护肤，成为现代女性日常生活不可或缺的一种习惯，逛街累了去第自然歇一歇，闭目养神时，余音绕梁间……

我们矢志将第自然打造成为：

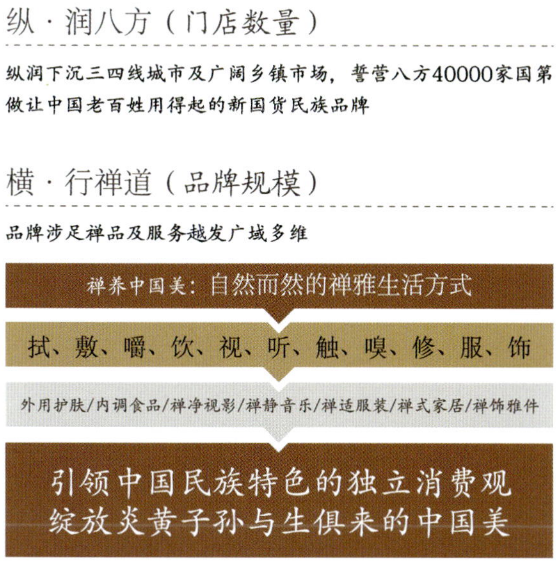
纵 · 润八方（门店数量）
纵润下沉三四线城市及广阔乡镇市场，誓营八方40000家国第
做让中国老百姓用得起的新国货民族品牌
横 · 行禅道（品牌规模）
品牌涉足禅品及服务越发广域多维
禅养中国美：自然而然的禅雅生活方式
拭、敷、嚼、饮、视、听、触、嗅、修、服、饰
外用护肤/内调食品/禅净视影/禅静音乐/禅适服装/禅式家居/禅饰雅件
引领中国民族特色的独立消费观
绽放炎黄子孙与生俱来的中国美

图 7－17　第自然禅品规模扩充示意

中国首屈一指的禅养民族品牌。

让投禅问路的您，自豪加盟国妆民族品牌！

让每位炎黄子孙，自豪享用精匠国货禅品！